陈总编爱车热线书系

汽车不神秘
汽车构造透视图典

全彩典雅版　　第 3 版

陈新亚　编著

机械工业出版社
CHINA MACHINE PRESS

《汽车不神秘：汽车构造透视图典》采用图解加视频的方式，全面、系统地介绍了汽车的构造、原理与新技术。书中选取奔驰、宝马、奥迪等主流汽车品牌车型的数百幅精彩绝伦的汽车透视图、剖视图、分解图，对图中的具体部件和名称给予详细注解，对比较复杂的部件配有原理示意图，对专业术语标上英文图注，此外还加入二维码视频资源，让读者实景地了解现实中无法看到的汽车各系统、部件组成，更加直观地学习汽车的精密构造、工作原理与先进技术。

《汽车不神秘：汽车构造透视图典》适合初入汽车行业人员、汽车相关专业师生、汽车爱好者等阅读使用。

图书在版编目（CIP）数据

汽车不神秘：汽车构造透视图典：全彩典雅版 / 陈新亚编著. — 3版. —北京：机械工业出版社, 2018.9（2022.10重印）

（陈总编爱车热线书系）

ISBN 978-7-111-61069-4

Ⅰ.①汽⋯ Ⅱ.①陈⋯ Ⅲ.①汽车—构造—图解 Ⅳ.①U463-64

中国版本图书馆CIP数据核字（2018）第228551号

机械工业出版社（北京市百万庄大街22号 邮政编码100037）

策划编辑：李　军　　　责任编辑：李　军
责任校对：王　欣　　　责任印制：常天培
固安县铭成印刷有限公司印刷
2022年10月第3版第3次印刷
184mm×260mm・14印张・371千字
标准书号：ISBN 978-7-111-61069-4
定价：69.90元

凡购本书，如有缺页、倒页、脱页，由本社发行部调换
电话服务　　　　　　　　网络服务
服务咨询热线：010-88361066　　机工官网：www.cmpbook.com
读者购书热线：010-68326294　　机工官博：weibo.com/cmp1952
　　　　　　　010-88379203　　金　书　网：www.golden-book.com
封面无防伪标均为盗版　　　教育服务网：www.cmpedu.com

FOREWORD

透过图片看本质

有人说现在汽车的同质化现象越来越严重,可我并不这么认为。

说这话的人只看到了汽车的外观,从外观上看确实有点"世界大同"的味道,不管是借鉴的,还是原创的,汽车的基本形状都很难有大的改变和突破。但是,为什么一些汽车卖得贵却畅销,而和它们同样车身大小、同样发动机排量的汽车,虽然售价低但销量却很差?这里除了品牌价值的差别外,主要原因还是汽车内在本质存在着巨大差别。

那些世界名牌汽车,它们在设计水平、技术水平、制造工艺上确实有过人之处;它们的制造商投入了更多的研发费用和更强的技术力量;这些汽车在安全性、动力性及燃油经济性上占有一定优势。当然,高额的研发费用平摊到每辆车上,自然就会增加车辆的成本,使得售价较高。因此,我们赏车评车、选车买车时,不能只看汽车的外表,更不能只看个头大小,而是要看其内在本质上的差别,从构造与设计上来区分它们。

本书集世界著名品牌汽车的透视图之大成,希望您能通过本书图片直接看到先进汽车的本质,能够加深认识和理解目前世界的先进汽车技术。这将对您掌握汽车知识或购车用车有一定的帮助。

这次修订本书,不仅丰富了内容,而且还为图注加上了英文名称,并且尽可能增加了对部件功用的注解。

chenxinya@vip.sohu.com

目录 CONTENTS

前言

第1章 车身   1
第1节 整车基本构造   1
第2节 整车布局形式   4
第3节 车身基本构造   22
第4节 车身安全设计   26
第5节 车身轻量化设计   32

第2章 发动机   37
第1节 发动机基本构造   37
第2节 发动机主体构造   52
第3节 发动机主运动部件   56
第4节 发动机配气正时机构   62
第5节 发动机增压器   70
第6节 发动机进气和排气   84
第7节 发动机燃油供给系统   90
第8节 发动机起动和点火系统   96
第9节 发动机冷却和润滑系统   100
第10节 节能和新能源动力系统   108

第3章 变速器   120
第1节 发动机与变速器组合   121
第2节 手动变速器   126
第3节 序列式变速器   132
第4节 自动变速器   134
第5节 双离合变速器   140
第6节 无级变速器   146

第4章 传动系统   150
第1节 动力传递系统   150
第2节 差速器和分动器   164
第3节 传动轴和半轴   178

第5章 转向系统   182
第1节 转向形式   182
第2节 转向助力   184
第3节 四轮转向   188

第6章 悬架系统   190
第1节 悬架形式   190
第2节 主动悬架   198

第7章 制动与安全   206
第1节 制动系统   206
第2节 主动安全系统   212

第8章 附件与配置   215
第1节 灯光与仪表   215
第2节 空调与音响   217
第3节 座椅   219

第1章 车身

第1节 整车基本构造

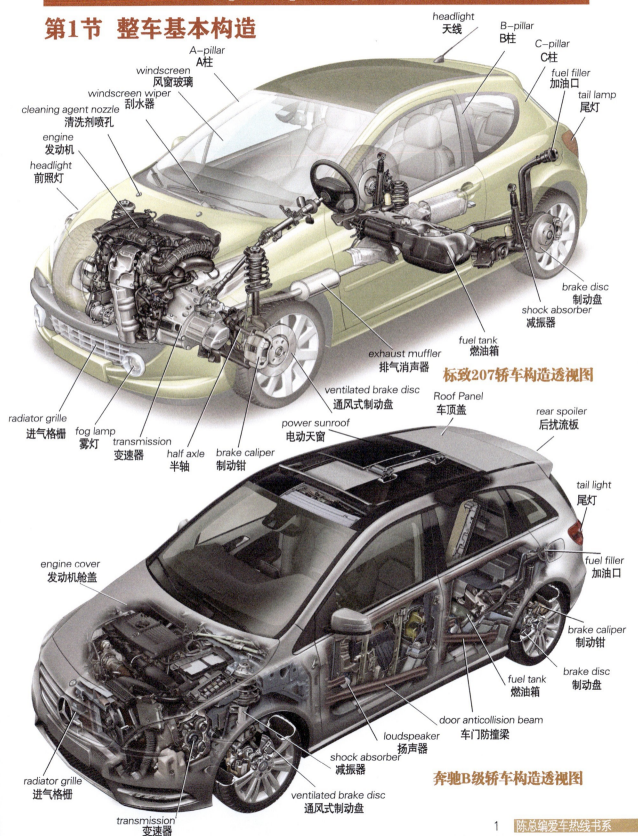

标致207轿车构造透视图

奔驰B级轿车构造透视图

汽车由哪些主要部件组成？

汽车可以简单分为车身、动力系统和底盘三大部分，如果再细分，可把汽车分为车身、发动机、传动系统、行驶系统、转向系统、制动系统和附件配置七大系统。

其中，传动系统包括离合器、变速器、分动器、传动轴、半轴等主要总成；行驶系统包括车架、悬架、车轮和轮胎等主要部件；附件配置则包括车身附件、仪表、照明、座椅、空调、音响、门锁等配置。

迈巴赫轿车构造透视图

第1章 车身

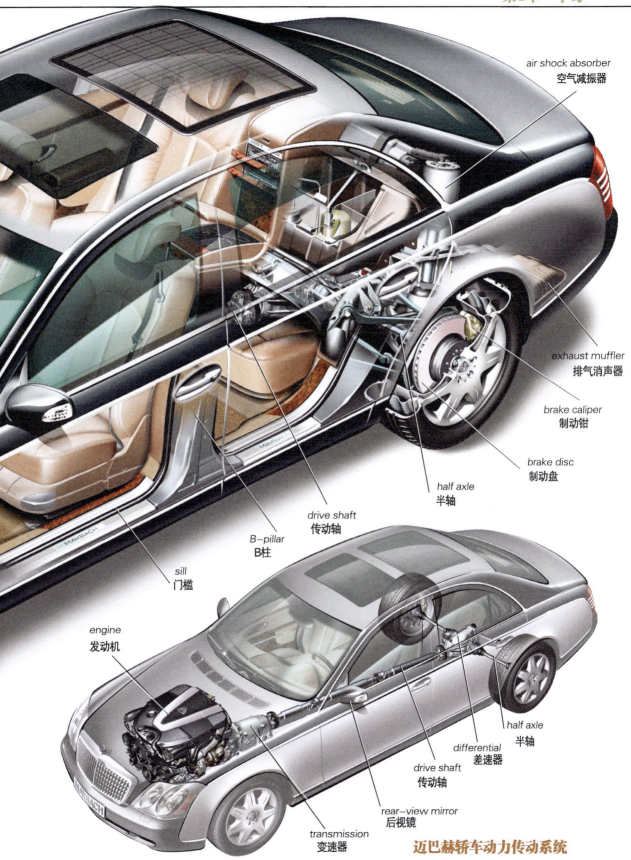

迈巴赫轿车动力传动系统

第2节 整车布局形式

发动机前置、前中置、后中置、后置

如果把发动机放置在车辆前轴上方或前轴前方,即如本页图所示,则称为"前置发动机";如果将发动机放置在后轴上方或后轴后方,则称为"后置发动机"。

如果把发动机放置在车辆前部,但是在前轴的后方,则称为"前中置发动机";如果把发动机放置在车辆后部,但在后轴的前方,则称为"后中置发动机"。这二者统称为"中置发动机"。

扫一扫,即可观看前纵置发动机视频

雪佛兰CAMARO SS跑车构造透视图

第1章 车身

汽车传动形式

下图为常见的发动机布置和传动方式。其实将前纵置发动机、前横置发动机、后纵置发动机、后横置发动机、前中置发动机、后中横置发动机、后中纵置发动机、底中置发动机、前轮驱动、后轮驱动、四轮驱动进行排列组合计算,从理论上讲共有 24 种传动形式。但实际上,在批量生产的汽车上,我们只能见到图中的 12 种传动形式,而常见的只有五六种。其中前横置前驱是最常见的传动形式。

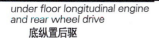

扫一扫,即可观看前横置发动机前轮驱动视频

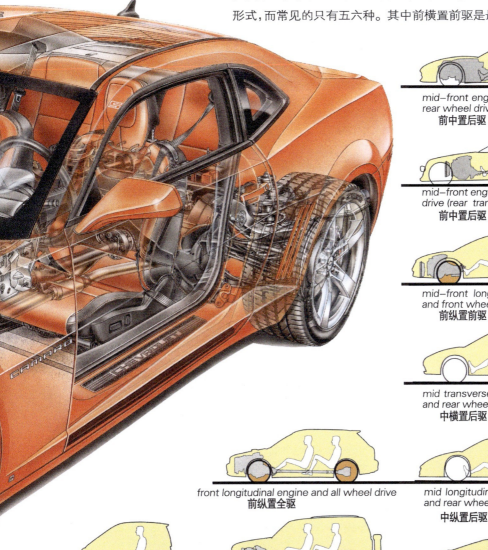

mid-front engine and rear wheel drive
前中置后驱

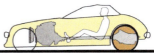

mid-front engine and rear wheel drive (rear transmission)
前中置后驱(后置变速器)

mid-front longitudinal engine and front wheel drive
前纵置前驱

mid transverse engine and rear wheel drive
中横置后驱

mid longitudinal engine and rear wheel drive
中纵置后驱

front longitudinal engine and all wheel drive
前纵置全驱

mid longitudinal engine and all wheel drive
中纵置全驱

rear transverse engine and rear wheel drive
后横置后驱

front longitudinal engine and four wheel drive
前纵置四驱

under floor longitudinal engine and rear wheel drive
底纵置后驱

mid-front transverse engine and front wheel drive
前横置前驱

rear longitudinal engine and rear wheel drive
后纵置后驱

汽车传动形式示意图

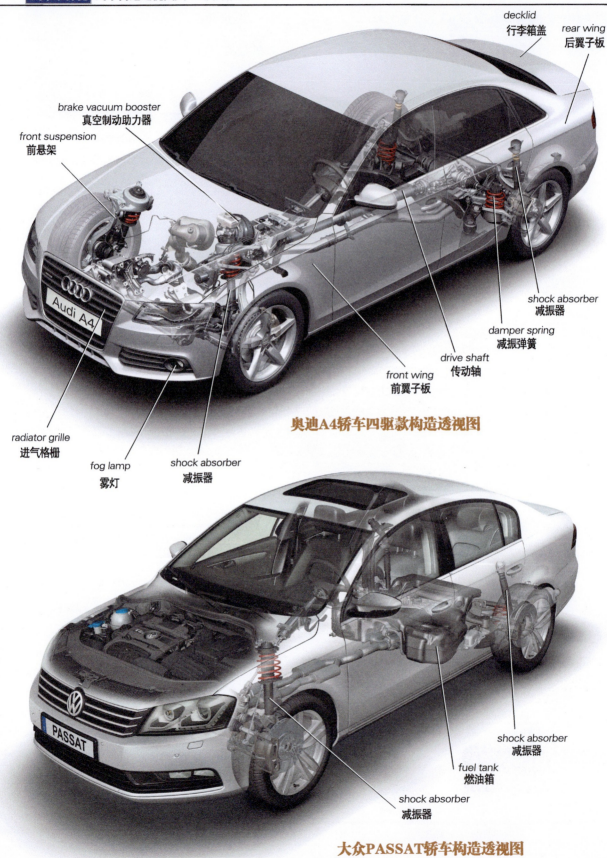

第1章 车身

大众高尔夫旅行车构造透视图

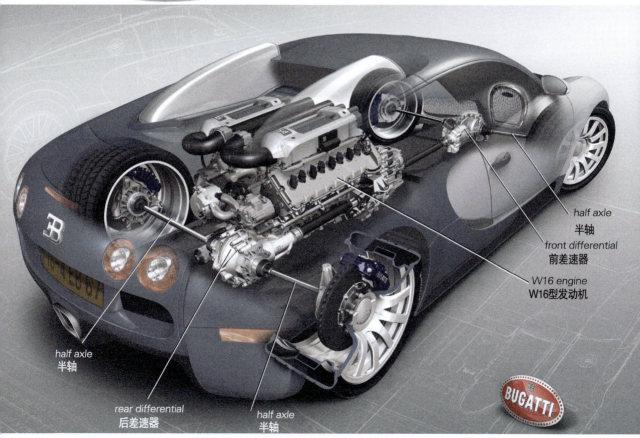

布嘉迪威航超级跑车构造透视图

发动机横置、纵置

站在车头前面,打开汽车的发动机舱盖,如果看到发动机的气缸排列方向是左右方向,那么就可以说此车发动机为"横置";如果看到发动机的气缸排列方向为前后方向,那么就可以称此车发动机为"纵置"。

本页图片所示为"横置"发动机,而下页图片所示为"纵置"发动机。

扫一扫,即可观看前横置发动机四轮驱动视频

第1章 车身

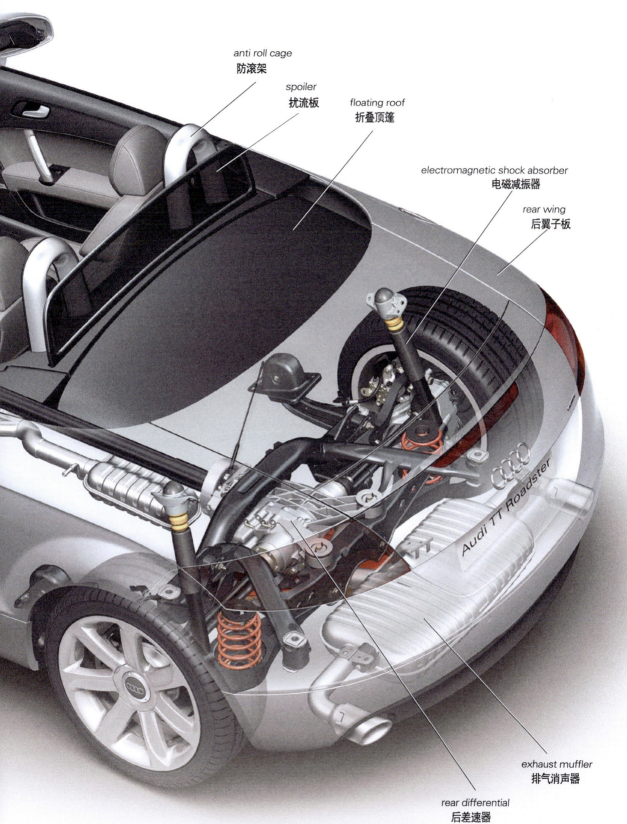

奥迪TT敞篷跑车四驱款构造透视图

什么是COUPE车型？

在英文车名中有一种 COUPE 车型，翻译过来称为"轿跑车"，或"双门轿跑车"，或干脆音译为"古贝"。

这种车型的特点之一是只有两个侧门，只有两个座椅，或四个座椅但后排空间比较狭窄；特点之二是溜背形设计，车身后背曲线相对三厢轿车比较平滑和呈流线形，和跑车的后背造型比较近似。现在也开始出现具有四个侧车门的 COUPE 车型，它们被称为"四门轿跑车"。

奔驰E COUPE双门轿跑车构造透视图

第1章 车身

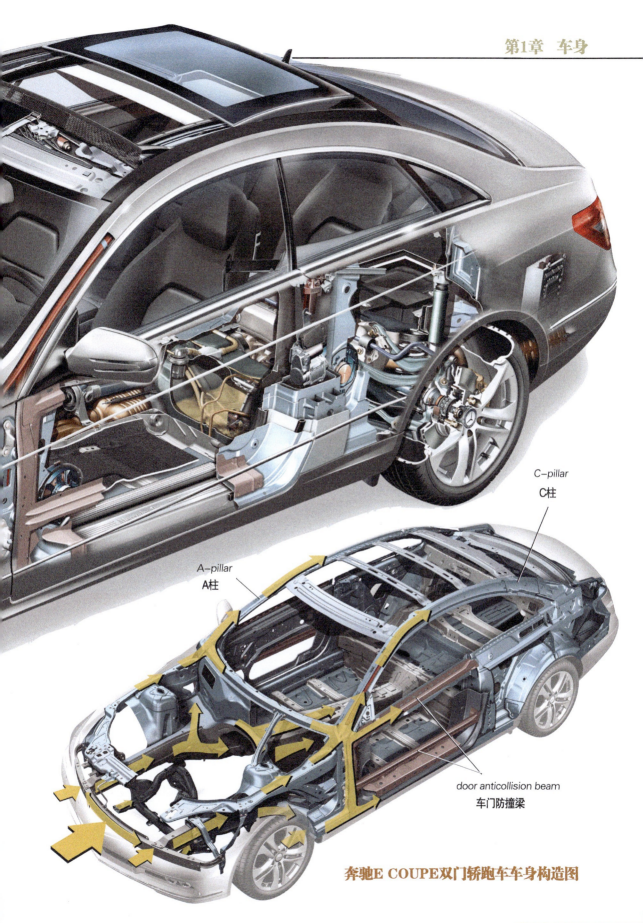

C-pillar
C柱

A-pillar
A柱

door anticollision beam
车门防撞梁

奔驰E COUPE双门轿跑车车身构造图

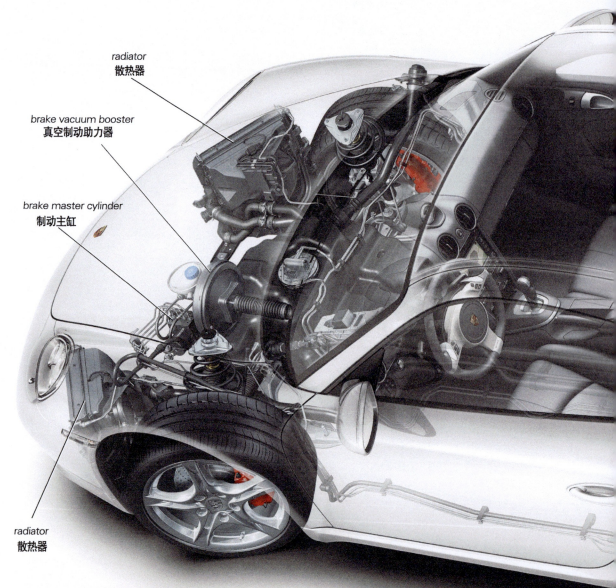

为什么跑车喜欢采用"后中置后驱"方式？

许多跑车都喜欢把发动机放置在后轴的前方（即发动机后中置方式），并将后轮作为驱动轮。这与我们常见的发动机前置、前轮驱动的普通轿车布局方式正好相反。跑车之所以如此布局，主要有三大原因：

1）当汽车起步和加速时，汽车的重心后移，此时前轮的抓地力减小而后轮的抓地力增大，因此利用后轮作为驱动轮会使汽车的加速性能更优越。

2）让前轮只负责转向而不再负责驱动，那么它的转向特性也会更稳定。反之，如果前轮既负责转向又负责驱动，那么前轮所受到的转向力和驱动力之和，很容易超出轮胎的附着力，从而造成车轮打滑。

3）如果把发动机布置在后轴前方，使其更接近车辆的中间位置，也就是使车辆的重心靠近中间，那么车辆在转弯时，它的转向特性会更加灵活。

第1章 车身

扫一扫，即可观看保时捷GT3视频

保时捷Cayman S跑车构造透视图

什么是真正的"后置后驱"方式？

只有将发动机放置在后轴的后面，并采用后轮驱动的布局形式，才能称为真正的"后置后驱"（Rear engine Rear drive，简称 RR）。由于这种布局形式过于独特，现在只有在保时捷911等高性能车型上才会采用。这种布局形式有三大特点：

1）起步和加速性能更优秀。因为发动机、变速器等重量集中于车辆后部，又采用后轮为驱动轮，所以在车辆起步和加速时，后轮上的强大抓地力会得到充分的利用，发动机的动力会得到淋漓尽致的发挥。

2）传动效率较高。由于发动机和驱动轮非常近，省去了前置后驱车型上那根长长的传动轴，它的动力传递会更直接。

3）转向更灵敏。重量主要集中在车辆尾部，使车头的重量减少，前轮的负载更小，因此车头的转向会变得异常灵活，方向盘的响应也更灵敏。

第1章 车身

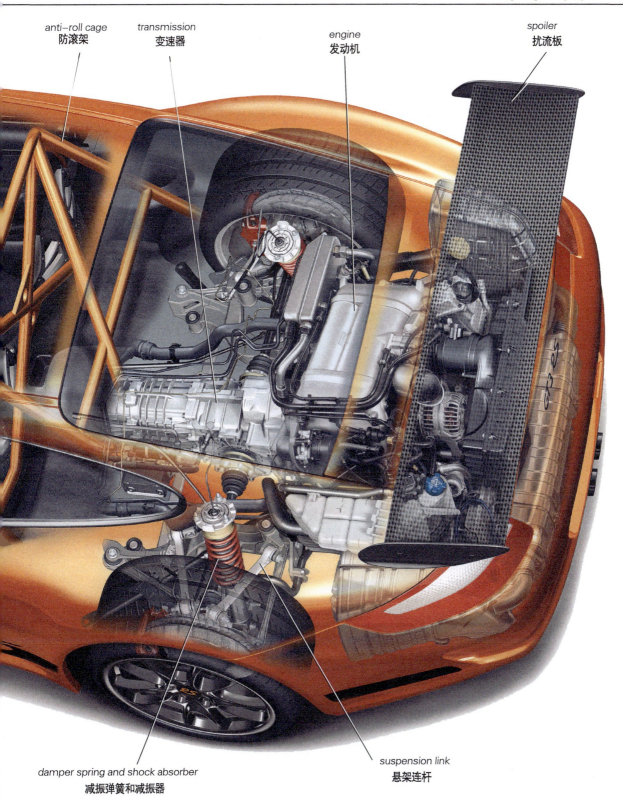

保时捷GT3 RS跑车构造透视图

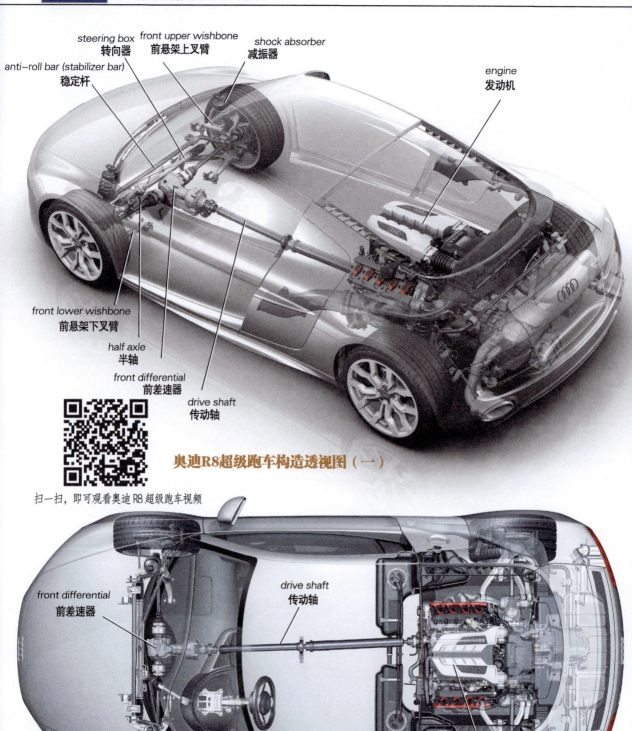

奥迪R8超级跑车构造透视图（一）

扫一扫，即可观看奥迪R8超级跑车视频

奥迪R8超级跑车构造透视图（二）

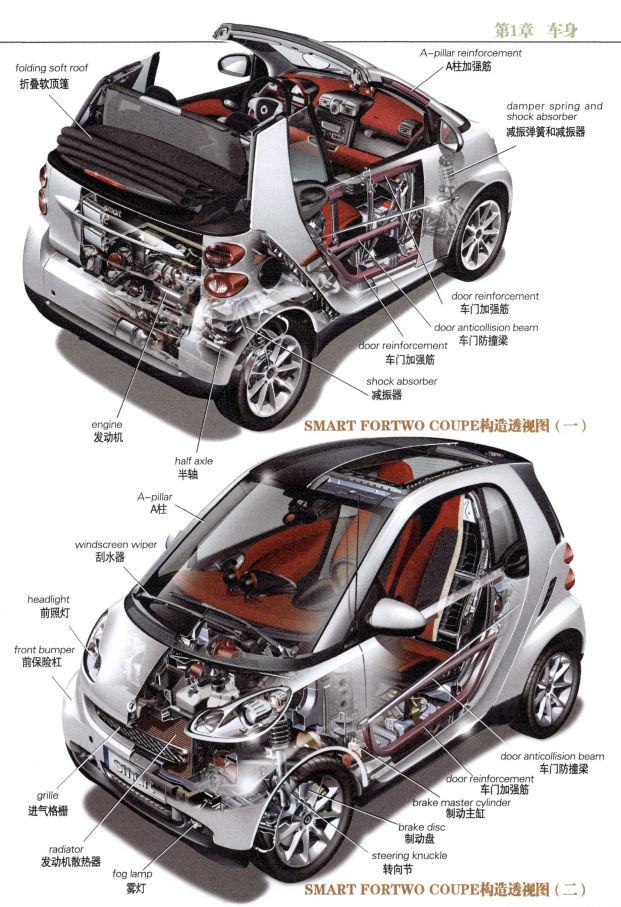

SMART FORTWO COUPE构造透视图（一）

SMART FORTWO COUPE构造透视图（二）

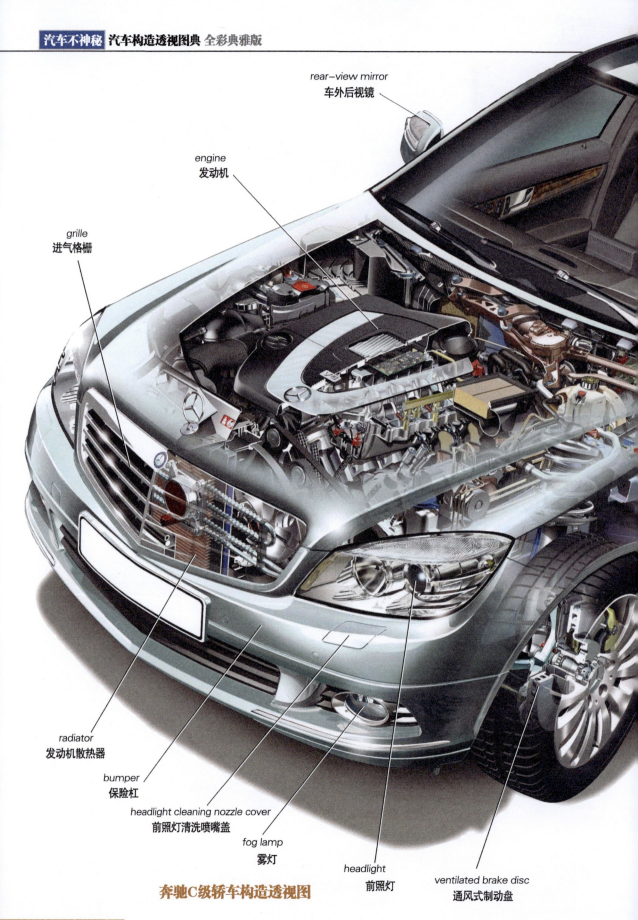

奔驰C级轿车构造透视图

第1章 车身

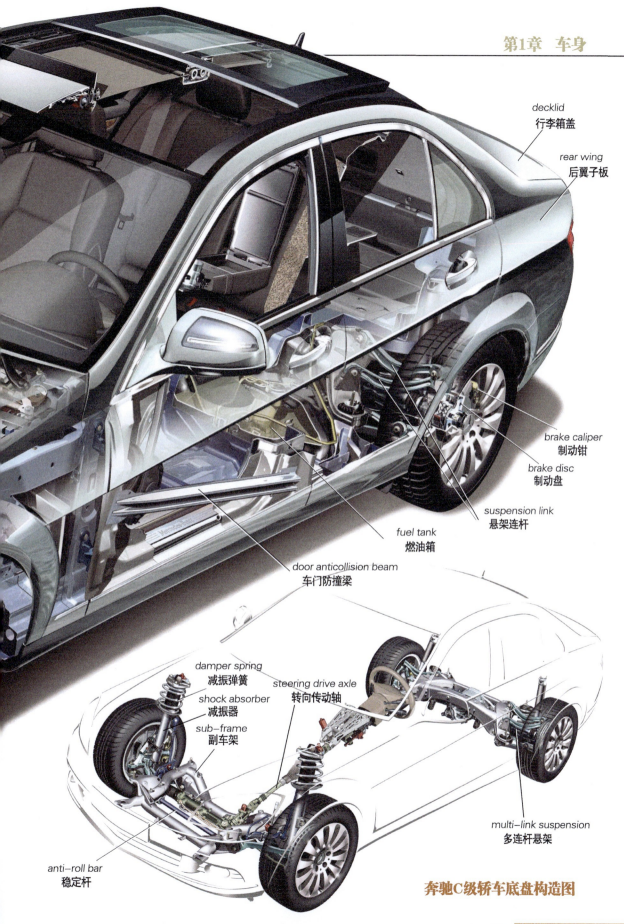

奔驰C级轿车底盘构造图

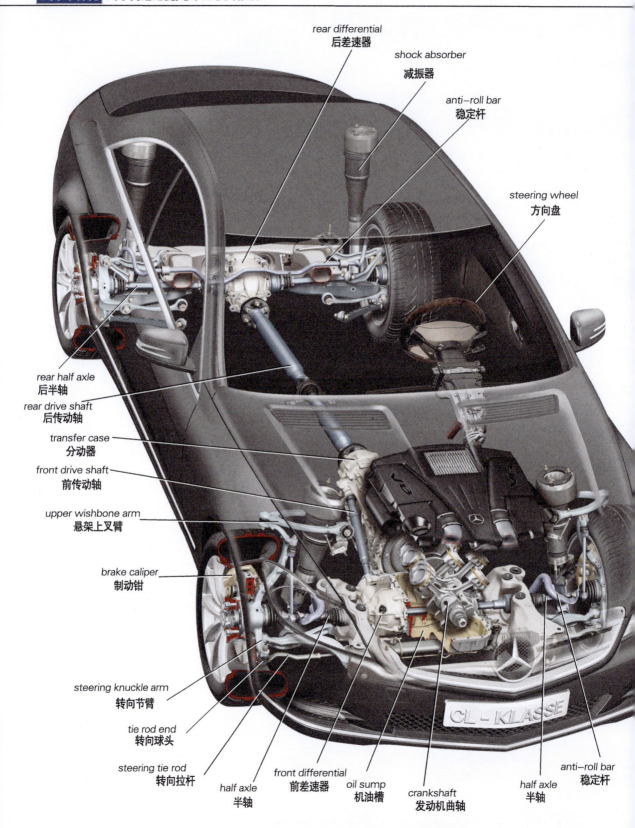

奔驰CL级轿车动力传动系统构造透视图

第1章 车身

奔驰CL级轿车构造透视图

奔驰CLS级轿车底盘构造透视图

第3节 车身基本构造

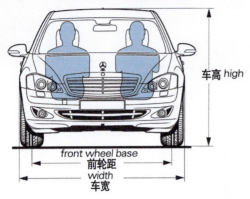
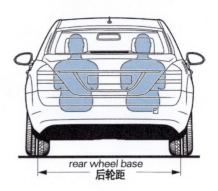

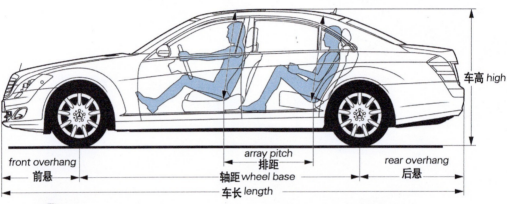

轿车车身尺寸示意图

汽车通过性能尺寸示意图

第1章 车身

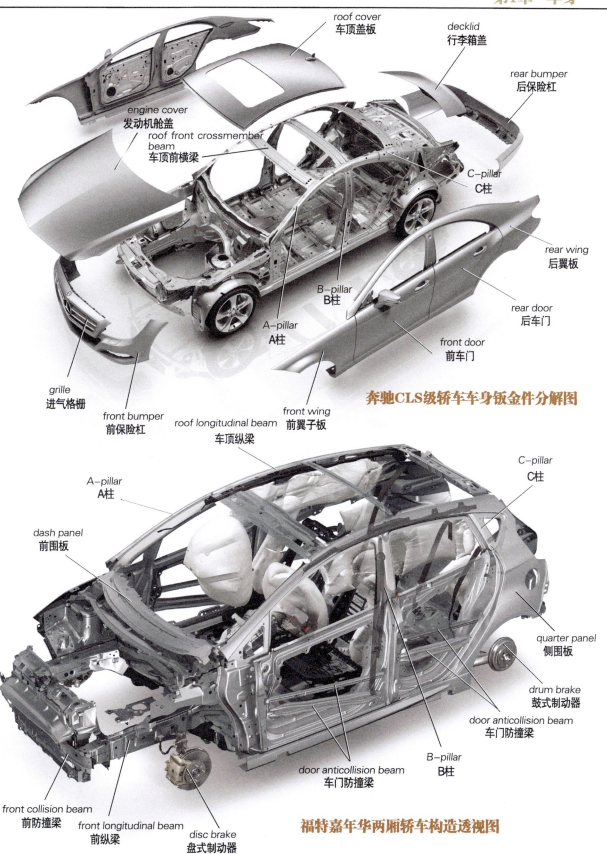

奔驰CLS级轿车车身钣金件分解图

福特嘉年华两厢轿车构造透视图

雷诺LAGUNA轿车构造透视图

雷诺LAGUNA轿车车身构造透视图

第1章 车身

宝马3系敞篷轿跑车承载式车身构造透视图

奥迪Q5承载式车身构造透视图

承载式车身和非承载式车身

承载式车身没有刚性车架或大梁。汽车的发动机、悬架、传动系统等都直接安装在车身上。这些部件的重量都由车身本身来承担。

非承载式车身则是指汽车有刚性车架，或俗称的大梁，发动机、变速器、传动系统等都安装在车架上，由车架来承担这些重要部件的重量，而车身只承担一些附件重量等。

奔驰G级车非承载式车身构造透视图

第4节 车身安全设计

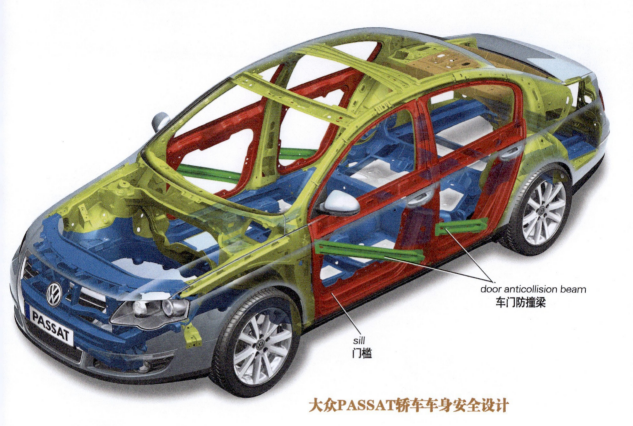

大众PASSAT轿车车身安全设计

中强度钢	mild-strength steel
高强度钢	high-strength steel
现代高强度钢	modern high-strength steel
超高强度钢	super high-strength steel
铝	aluminium
合成材料	synthetic material

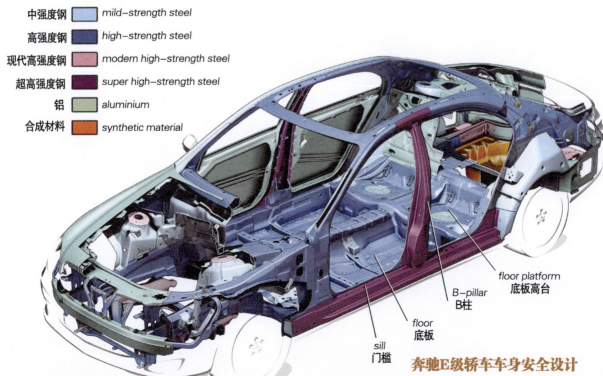

奔驰E级轿车车身安全设计

第1章 车身

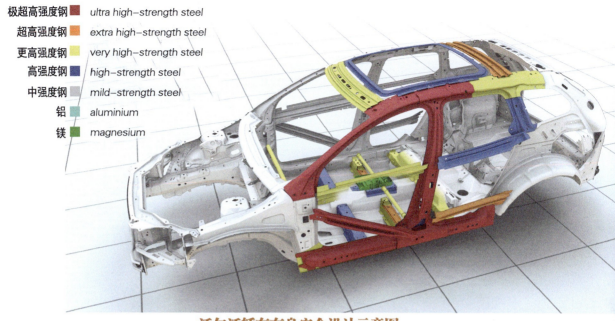

沃尔沃轿车车身安全设计示意图

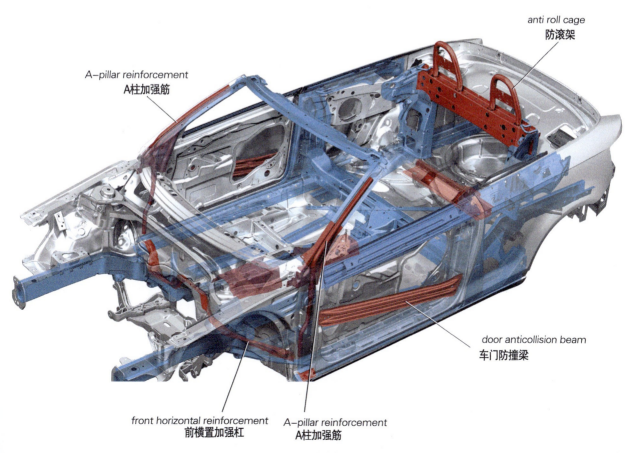

奥迪A3敞篷轿车加强设计示意图

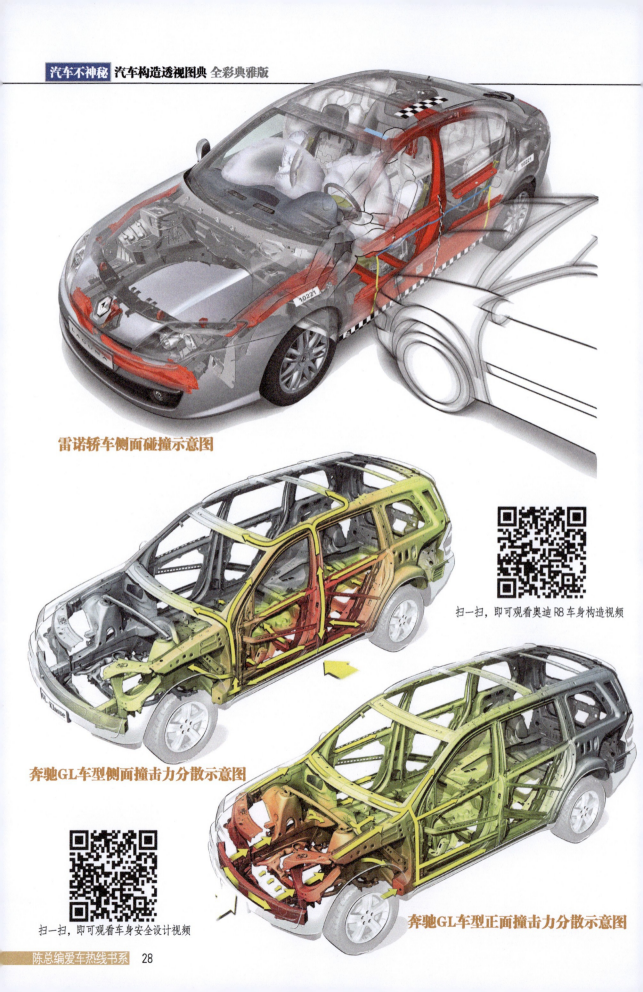

雷诺轿车侧面碰撞示意图

奔驰GL车型侧面撞击力分散示意图

扫一扫,即可观看奥迪R8车身构造视频

扫一扫,即可观看车身安全设计视频

奔驰GL车型正面撞击力分散示意图

第1章 车身

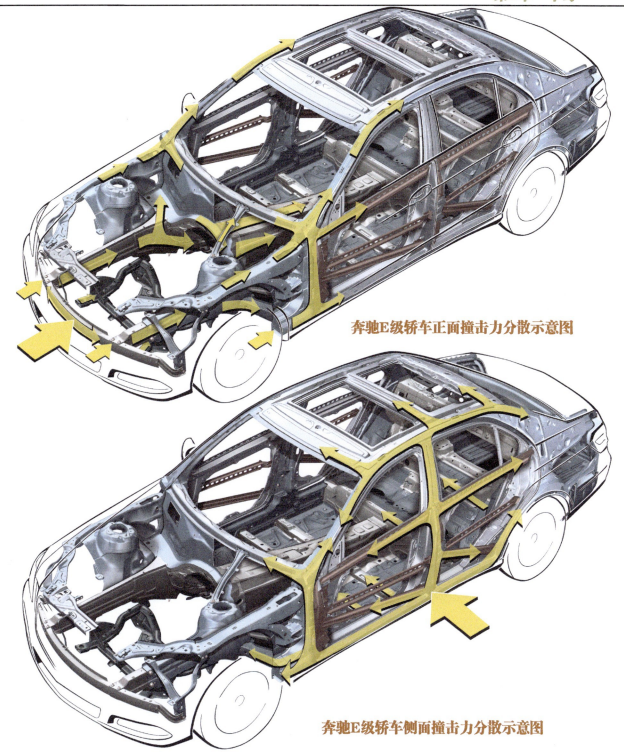

奔驰E级轿车正面撞击力分散示意图

奔驰E级轿车侧面撞击力分散示意图

车身撞击力分散设计

在设计汽车车身时,要以保护车内驾乘人员为第一重要诉求,因此要想方设法让驾乘室在汽车撞击中少变形,这样才能尽量减少对车内驾乘人员的伤害。为此,除了在车头和车尾采取"溃缩式"设计外,还要在车头及车侧采取"撞击力分散式"设计,将撞击力通过钢梁向左右两边及上下方转移、分散,使传递到驾乘室的撞击力尽可能小,从而保护驾乘室少变形或不变形。

大众高尔夫车身安全设计构造图

A-pillar
A柱

大众JETTA车身安全设计构造图

鸟笼式车身骨架设计

安全第一,在设计汽车时也要遵循这个原则。用高强度钢来打造驾乘室,把驾乘室设计成一个"钢笼子",让它在受到撞击时能抵抗外部强大的冲击力,尽量减少变形,从而给车内乘员一个安全的空间。

轿车的骨架结构一般由车身两侧的A柱、B柱、C柱共6个立柱,加上车顶的数根横梁及两根纵梁、车底部的数根横梁以及车门上的防撞钢梁等,共同组成一个完整的"笼子"。

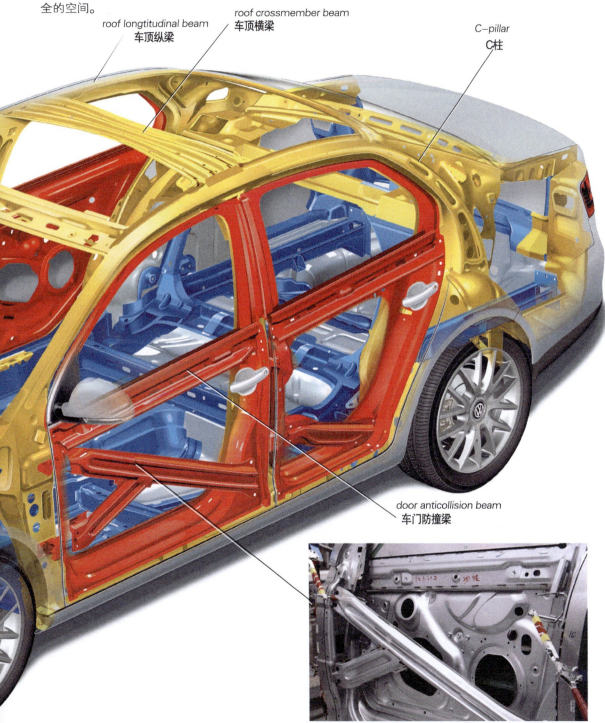

大众JETTA车门防撞梁实景图

第5节 车身轻量化设计

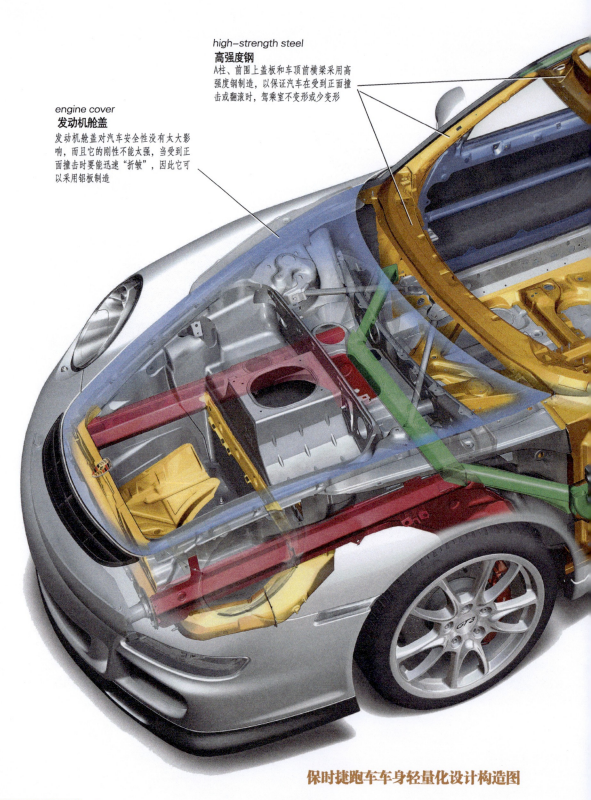

high-strength steel
高强度钢
A柱、前围上盖板和车顶前横梁采用高强度钢制造,以保证汽车在受到正面撞击或翻滚时,驾乘室不变形或少变形

engine cover
发动机舱盖
发动机舱盖对汽车安全性没有太大影响,而且它的刚性不能太强,当受到正面撞击时要能迅速"折皱",因此它可以采用铝板制造

保时捷跑车车身轻量化设计构造图

第1章 车身

super high-strength steel
超高强度钢
车顶纵梁加强筋采用超高强度钢制造,保证在车身翻滚时驾乘室少变形或不变形

super high-strength steel
超高强度钢
驾乘室底端一周,采用超高强度钢作为加强梁,保证驾乘室在受到正面和侧面撞击时不变形或少变形

- *mild-strength steel* 中强度钢
- *high-strength steel* 高强度钢
- *modern high-strength steel* 现代高强度钢
- *super high-strength steel* 超高强度钢
- *aluminium* 铝

汽车轻量化设计

汽车轻量化设计是指利用高强度钢、铝合金和合成材料等轻量化材料来制造车身,优化车身结构,并采用可以减轻车身重量的先进生产工艺,最终达到减轻车身重量、降低燃油消耗、减少排放污染的目的。

车身上的不同位置有不同的特点,可以分别用不同的材料来制造,比如前、后翼子板和前、后保险杠,可以采用合成材料或塑料制造;发动机舱盖、车门外板等车身蒙板,可以采用普通钢板或铝板制造;而A柱、B柱、C柱、车顶和车底横梁等驾乘室骨架,则应采用高强度钢板制造。

mild-strength steel	中强度钢
high-strength steel	高强度钢
modern high-strength steel	现代高强度钢
super high-strength steel	超高强度钢
aluminium	铝
synthetic material	合成材料
magnesium castings	镁压铸件

第1章 车身

decklid
行李箱盖
行李箱盖可以采用合成材料制造

cage construction
骨架结构
驾乘室骨架结构采用强度最大的钢材制造，以保证驾乘室在受到撞击或翻滚时不变形

door Panels
车门面板
对驾乘室起防护作用的主要是车身骨架，而车门外板对汽车安全性能的影响不大，可以采用铝板制造

奔驰CL双门轿车轻量化车身设计构造图

高刚性车身

　　刚性是指物体受力后抗变形的能力。车身高刚性则是指在施加不至毁坏车身的普通外力时车身不容易变形的能力。高刚性车身具有极高的抗扭曲和弯曲的能力。当汽车行驶在凸凹不平的地面时，刚性差的汽车车身会发出"嘎吱嘎吱"的响声，因为这样的车身此时扭曲较严重，从而使一些装配部位产生摩擦。

　　在汽车高速转弯时，车身刚性的优劣也会暴露无遗。车身刚性好的车辆在转弯时其行驶稳定性会比较好，反之则不好。

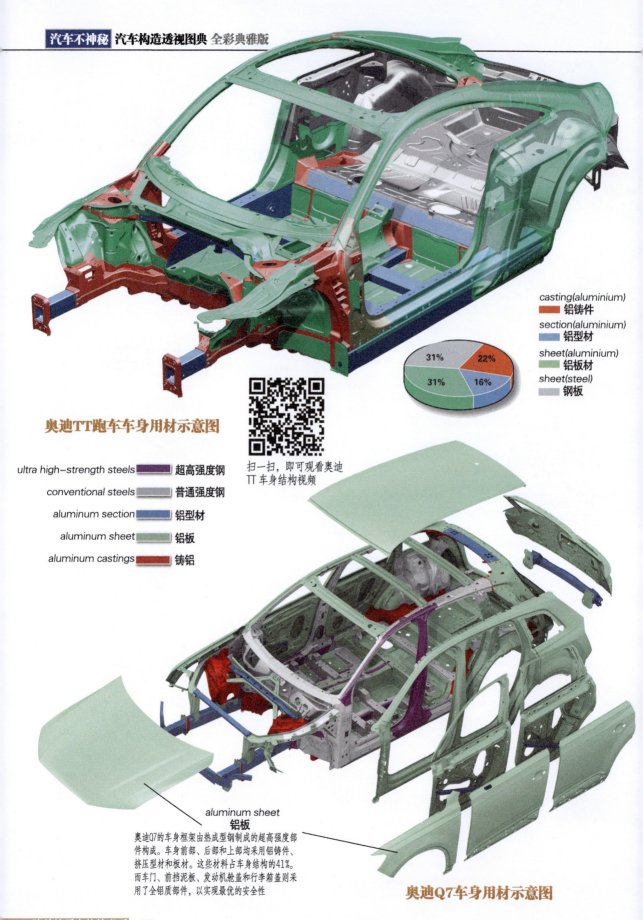

第2章 发动机

第1节 发动机基本构造

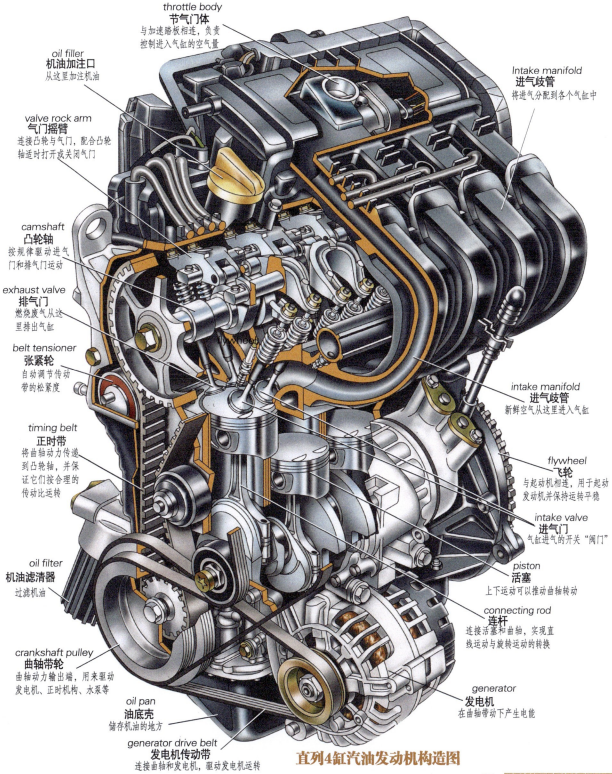

直列4缸汽油发动机构造图

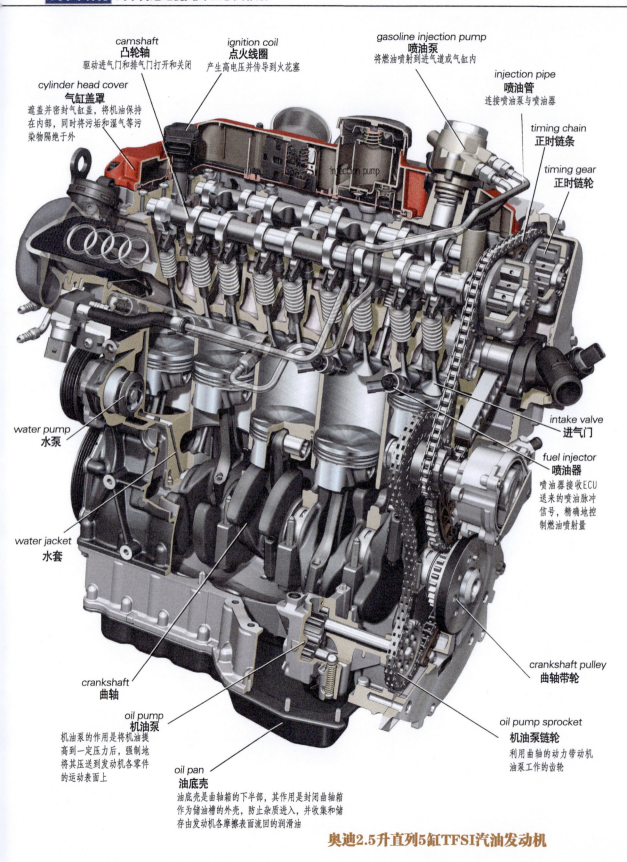

第2章 发动机

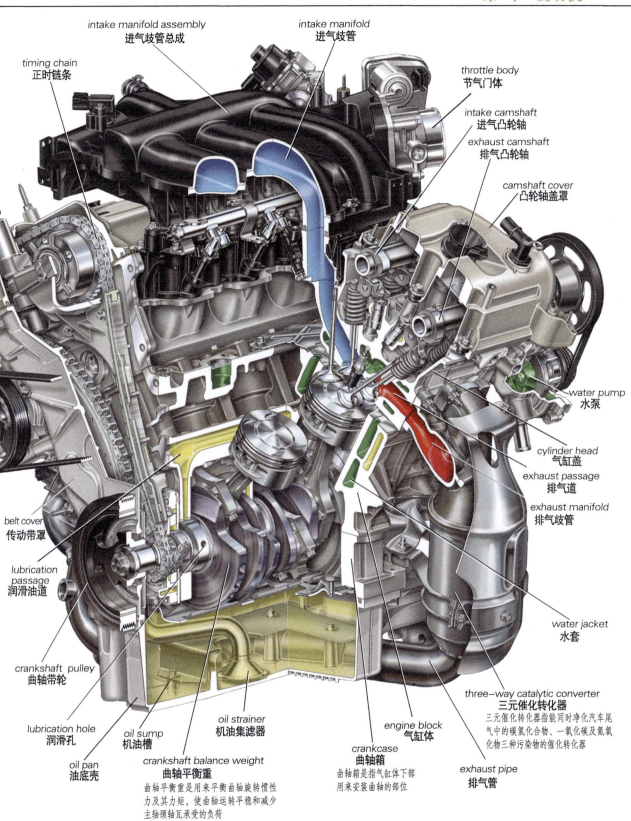

V形6缸汽油发动机剖视图

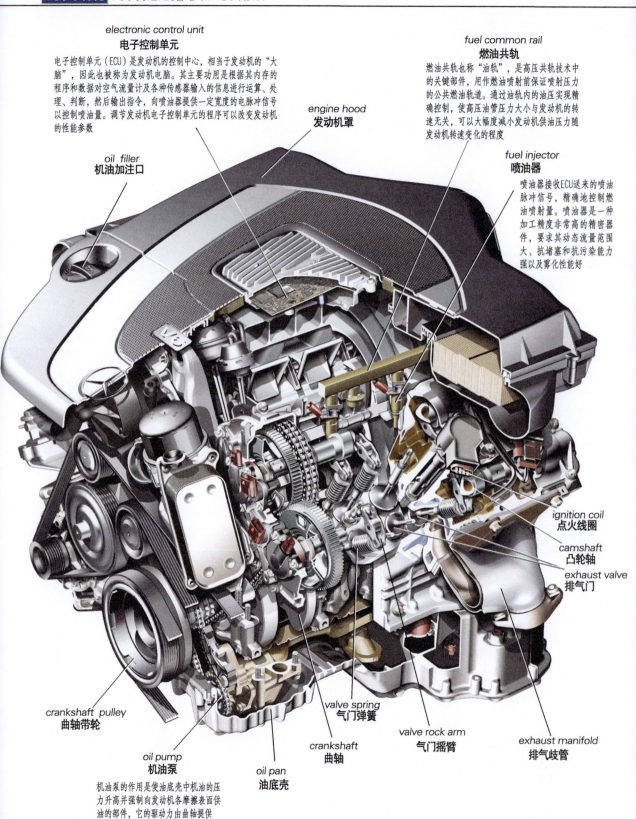

奔驰V形6缸汽油发动机

第2章 发动机

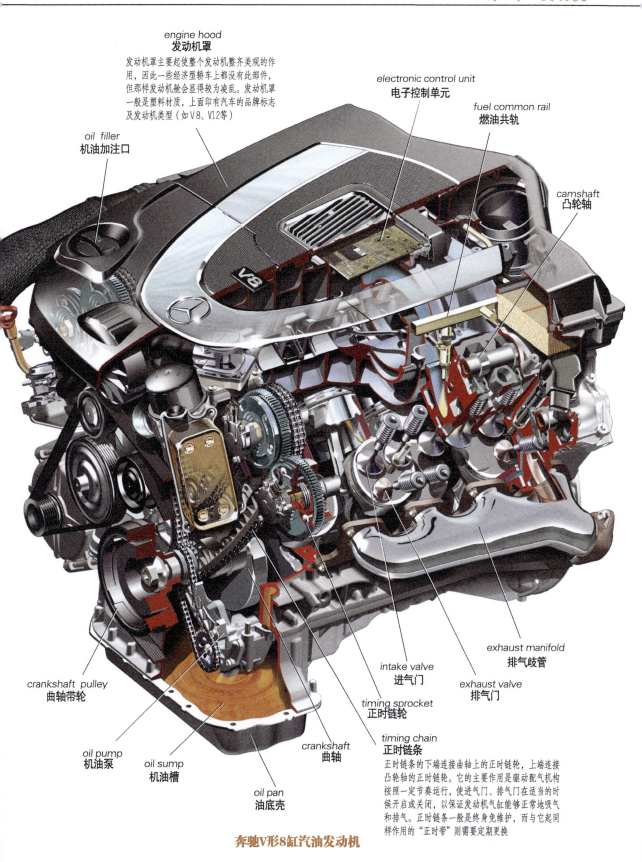

奔驰V形8缸汽油发动机

- engine hood 发动机罩
  发动机罩主要起使整个发动机整齐美观的作用,因此一些经济型轿车上都没有此部件,但那样发动机舱会显得较为凌乱。发动机罩一般是塑料材质,上面印有汽车的品牌标志及发动机类型(如V8、V12等)
- oil filler 机油加注口
- electronic control unit 电子控制单元
- fuel common rail 燃油共轨
- camshaft 凸轮轴
- exhaust manifold 排气歧管
- intake valve 进气门
- exhaust valve 排气门
- timing sprocket 正时链轮
- timing chain 正时链条
  正时链条的下端连接曲轴上的正时链轮,上端连接凸轮轴的正时链轮。它的主要作用是驱动配气机构按照一定节奏运行,使进气门、排气门在适当的时候开启或关闭,以保证发动机气缸能够正常地吸气和排气。正时链条一般是终身免维护,而与它起同样作用的"正时带"则需要定期更换
- crankshaft 曲轴
- oil pan 油底壳
- oil sump 机油槽
- oil pump 机油泵
- crankshaft pulley 曲轴带轮

fuel common rail
燃油共轨

oil filler
机油加注口

oil filter
机油滤清器

timing chain
正时链条

generator belt
发电机传动带
俗称"发电机皮带",它的作用是将曲轴的动力传递给发电机、水泵、方向助力器油泵、空调压缩机等需要动力驱动的部件。根据设计不同,有的发动机只有一根传动带,而有的则用多根

timing chain guide
正时链条导板
正时链条导板的主要作用是衬托正时链条、防止链条抖动的部件

crankshaft pulley
曲轴带轮
曲轴带轮的主要作用是输出动力,用于驱动发电机、水泵、空调压缩机等

crankshaft
曲轴

oil pump chain
机油泵链条

oil pump sprocket
机油泵链轮

oil pump
机油泵

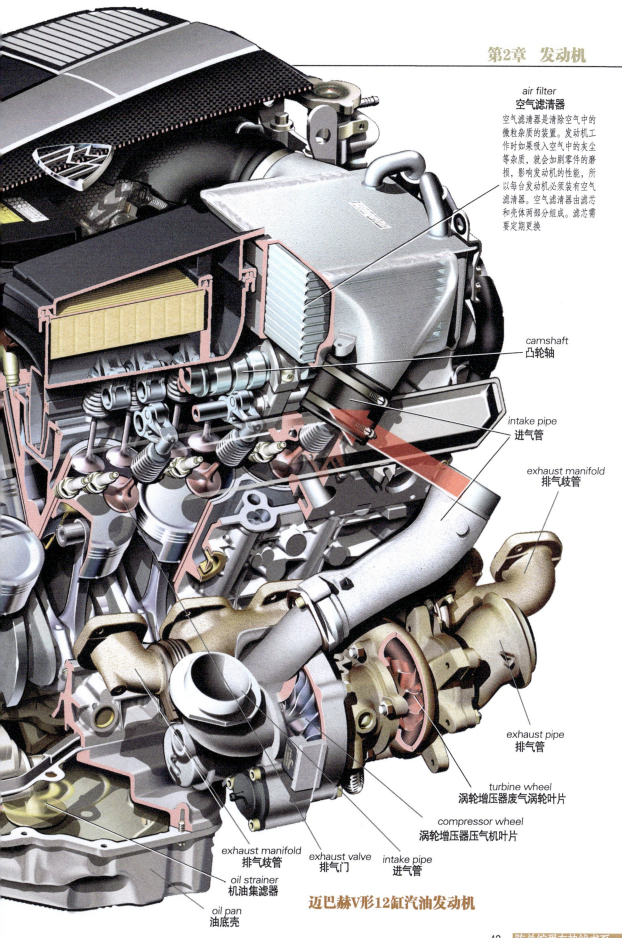

迈巴赫V形12缸汽油发动机

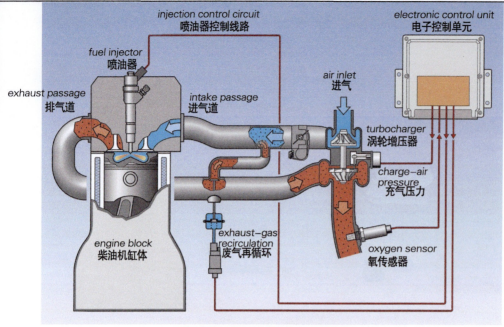

柴油发动机工作原理示意图

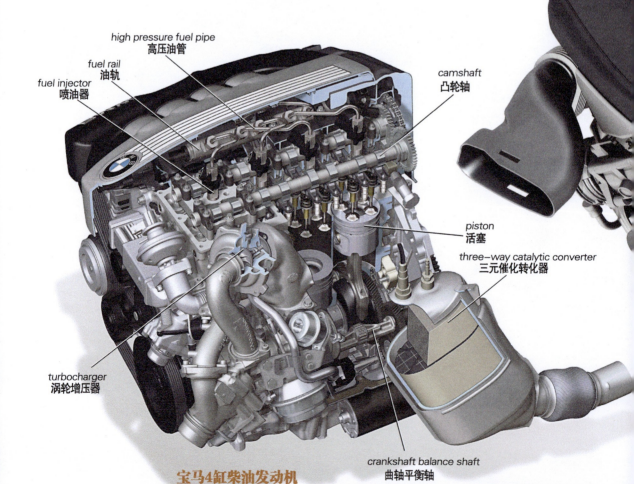

宝马4缸柴油发动机

第2章 发动机

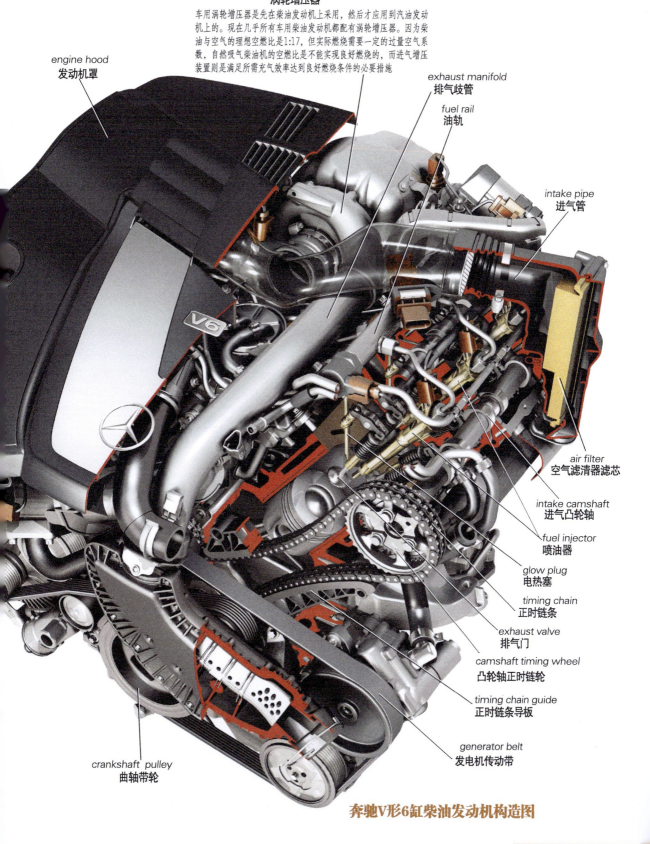

turbocharger
涡轮增压器

车用涡轮增压器是先在柴油发动机上采用，然后才应用到汽油发动机上的。现在几乎所有车用柴油发动机都配有涡轮增压器。因为柴油与空气的理想空燃比是1:17，但实际燃烧需要一定的过量空气系数，自然吸气柴油机的空燃比是不能实现良好燃烧的，而进气增压装置则是满足所需充气效率达到良好燃烧条件的必要措施

engine hood 发动机罩

exhaust manifold 排气歧管

fuel rail 油轨

intake pipe 进气管

air filter 空气滤清器滤芯

intake camshaft 进气凸轮轴

fuel injector 喷油器

glow plug 电热塞

timing chain 正时链条

exhaust valve 排气门

camshaft timing wheel 凸轮轴正时链轮

timing chain guide 正时链条导板

generator belt 发电机传动带

crankshaft pulley 曲轴带轮

奔驰V形6缸柴油发动机构造图

斯巴鲁水平对置6缸汽油发动机剖视图

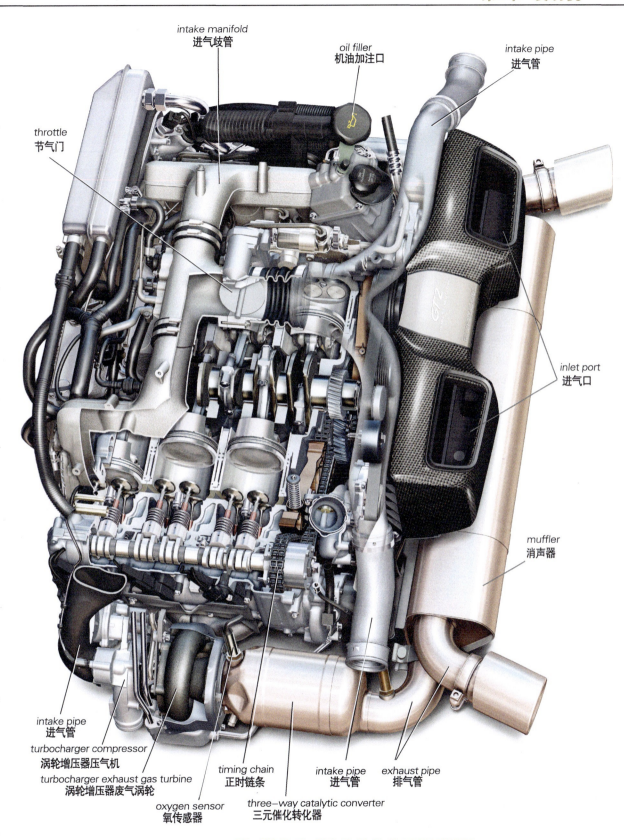

保时捷水平对置6缸汽油发动机剖视图

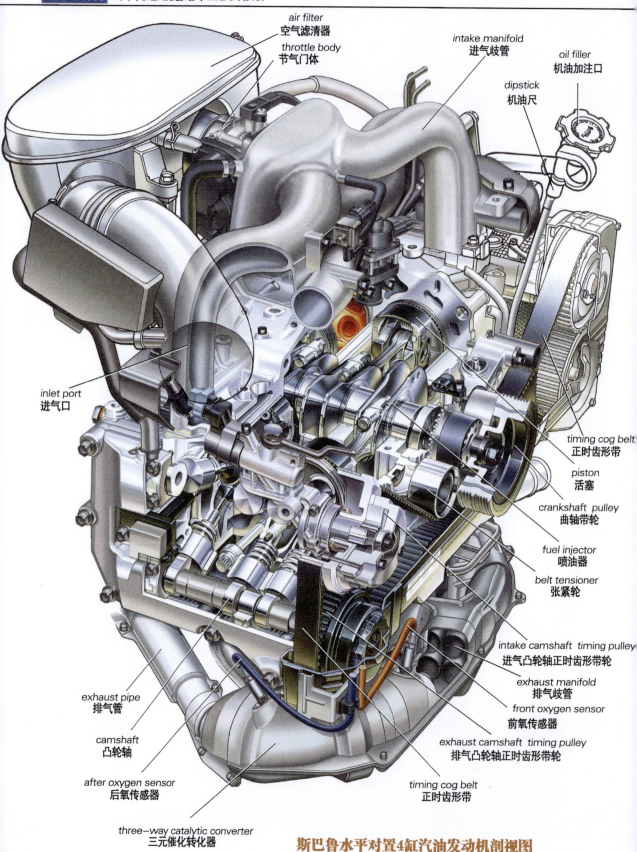

斯巴鲁水平对置4缸汽油发动机剖视图

第2章 发动机

转子发动机

棱圆形的三角转子位于近似椭圆形的气缸体中。转子在气缸内沿气缸壁旋转时，带动中心轴转动，从而向外输出动力。转子旋转的动力则来自转子与气缸壁之间组成的燃烧室，当可燃混合气从一侧的进气门进来后，随着转子的旋转而依次进行进气、压缩、做功和排气四个工作行程。火花塞在进排气口的另一侧。

马自达RX-8跑车转子发动机

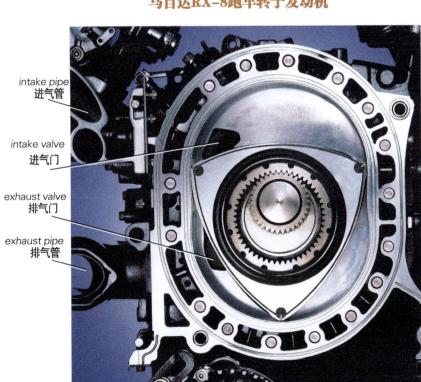

马自达RX-8跑车转子发动机

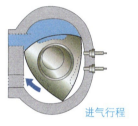
进气行程

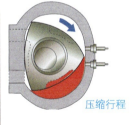
压缩行程

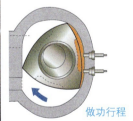
做功行程

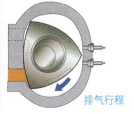
排气行程

发动机共有多少个部件？

根据构造复杂程度的不同，一台发动机不可拆解的零部件总数大概为300~600个。据称，一辆法拉利跑车的发动机约有800个独立的零部件，而布加迪威航的W16发动机约有3500个零件。图为雪佛兰克尔维特V8发动机的部件展示。

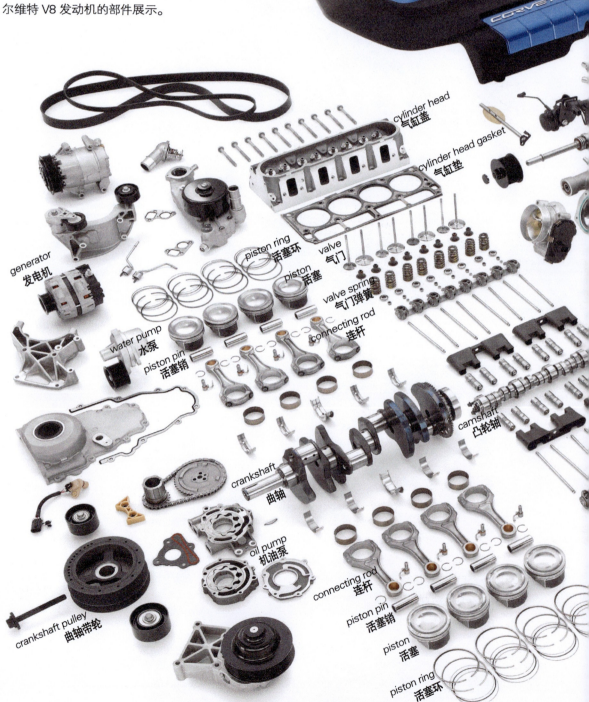

雪佛兰克尔维特V8发动机部件分解图

第2章 发动机

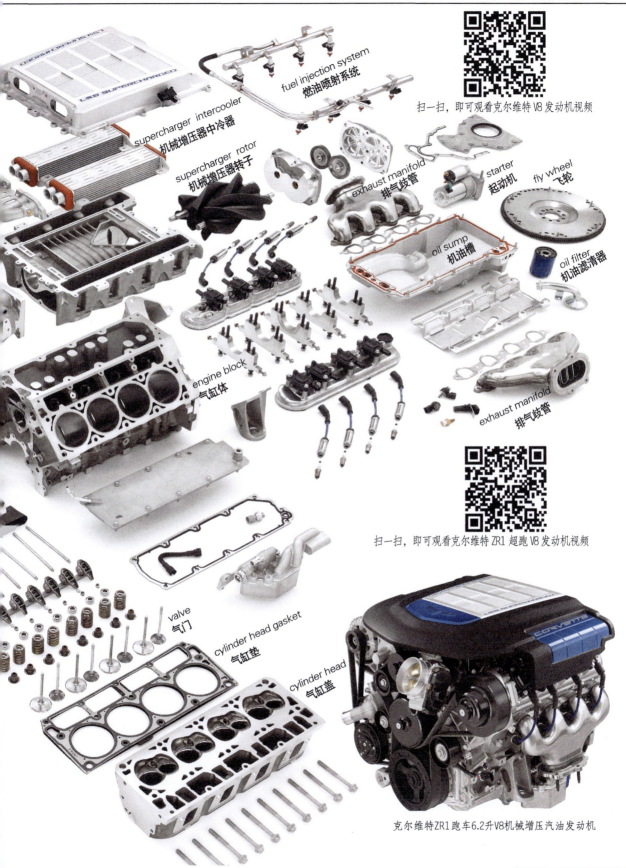

克尔维特ZR1跑车6.2升V8机械增压汽油发动机

第2节 发动机主体构造

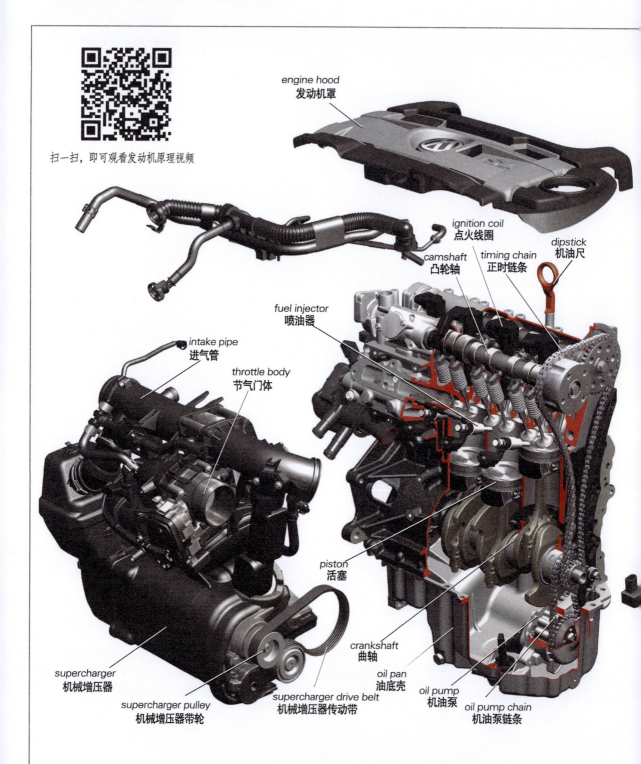

大众1.4升直列4缸机械和涡轮双增压汽油发动机

第2章 发动机

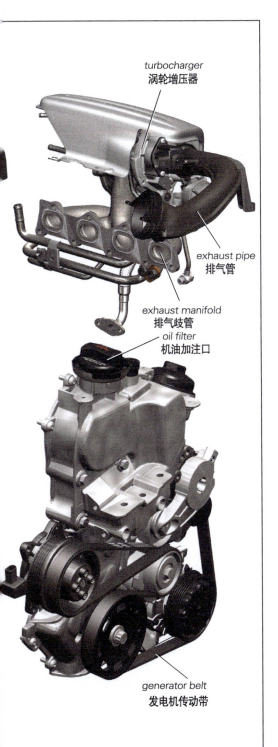
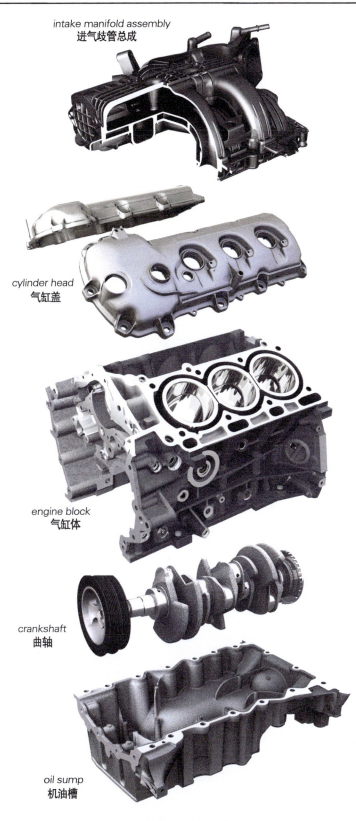

发动机主体构造部件

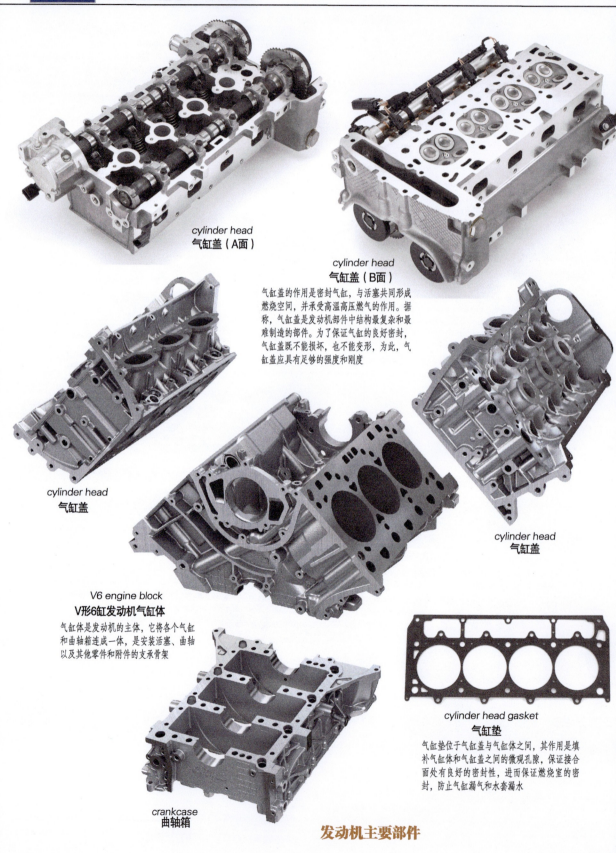

发动机主要部件

第2章 发动机

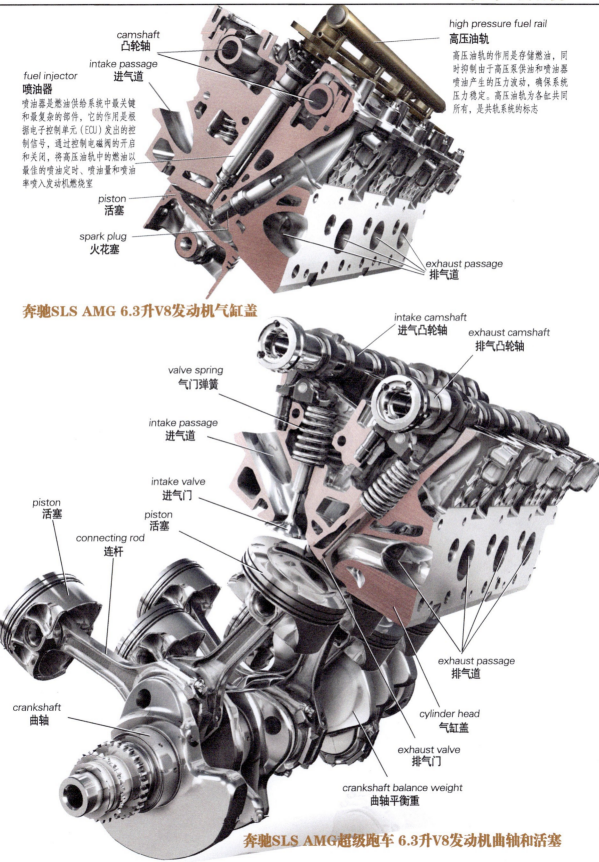

高压油轨:高压油轨的作用是存储燃油,同时抑制由于高压泵供油和喷油器喷油产生的压力波动,确保系统压力稳定。高压油轨为各缸共同所有,是共轨系统的标志。

喷油器:喷油器是燃油供给系统中最关键和最复杂的部件,它的作用是根据电子控制单元(ECU)发出的控制信号,通过控制电磁阀的开启和关闭,将高压油轨中的燃油以最佳的喷油定时、喷油量和喷油率喷入发动机燃烧室。

奔驰SLS AMG 6.3升V8发动机气缸盖

奔驰SLS AMG超级跑车 6.3升V8发动机曲轴和活塞

第3节 发动机主运动部件

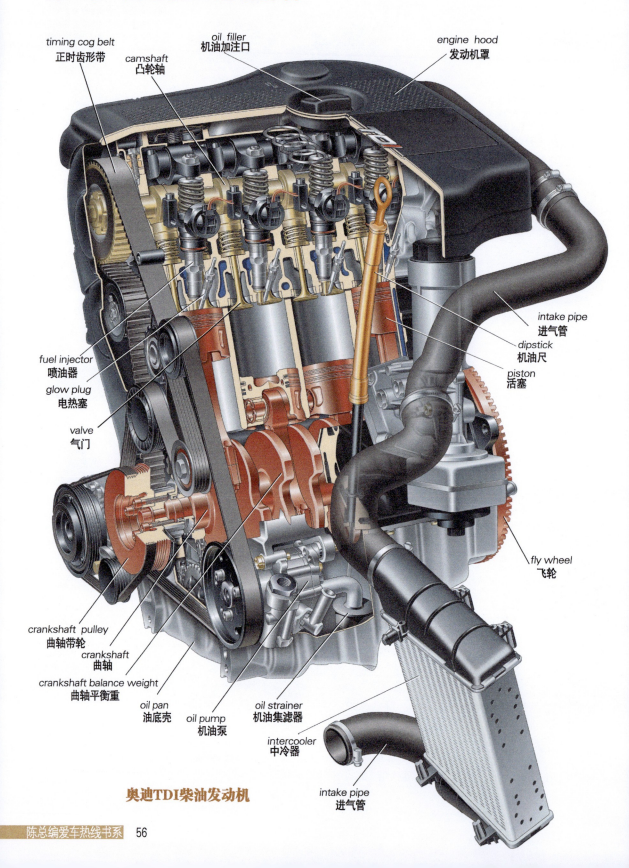

奥迪TDI柴油发动机

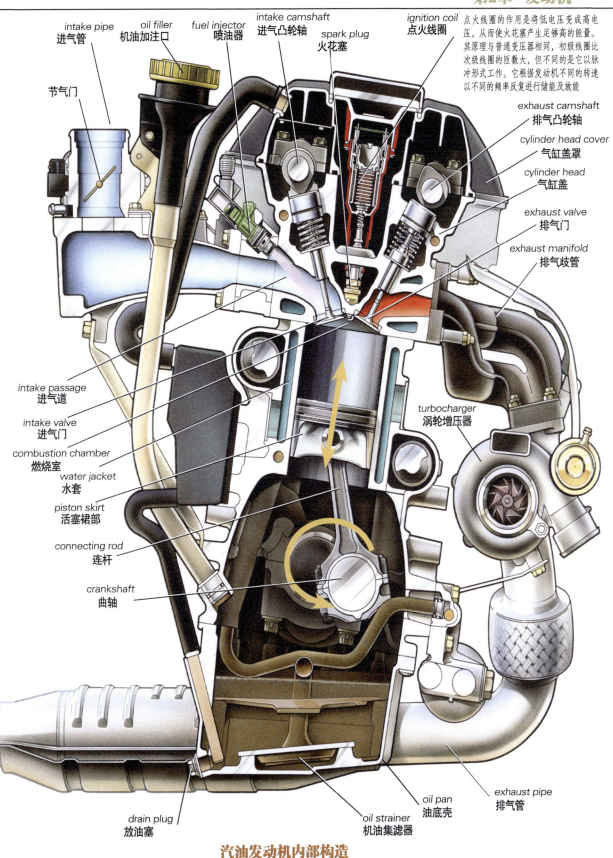

汽油发动机内部构造

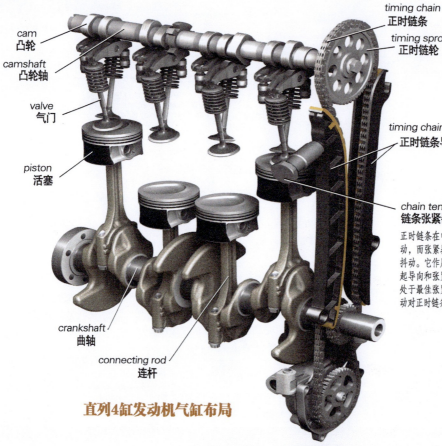

直列4缸发动机气缸布局

正时链条在中高速运转时会发生跳动，而张紧器的作用就是防止链条抖动。它作用在正时链条上，对其起导向和张紧的作用，使链条始终处于最佳张紧状态。张紧器可以自动对正时链条的张紧度进行调节

宝马直列6缸发动机气缸布局

第2章 发动机

piston
活塞

活塞是装在气缸中往复运动的部件,它将顶部所承受的燃气压力传递给连杆,从而推动曲轴旋转。在发动机中,活塞的工作条件最严酷,可以说是汽车心脏中的心脏,汽车的每一分力量都是通过活塞发出的。活塞不仅要承受巨大的压力,而且要承受非常高的温度。在高速运转中,活塞的行进速度有时可达到20米/秒。因此,对活塞的材质、制作精度等要求都异常高。活塞的顶部一般不是平的,而是凹进去一点,这主要是为燃烧室留出空间。另外,为了减轻活塞的重量,一般都将它设计成空心的

V形6缸发动机气缸布局(一)

V形6缸发动机气缸布局(二)

水平对置4缸发动机气缸布局

水平对置6缸发动机气缸布局

扫一扫,即可观看发动机气缸排列形式视频

扫一扫,即可观看水平对置发动机视频

59 陈总编爱车热线书系

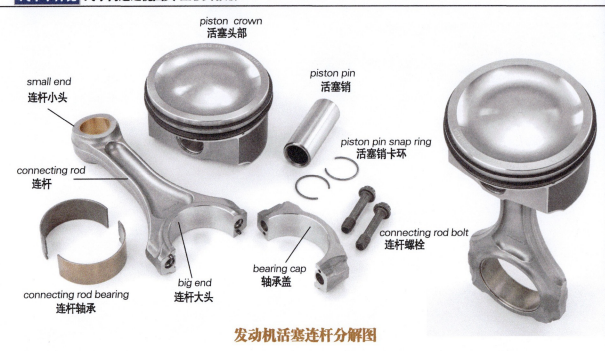

发动机活塞连杆分解图

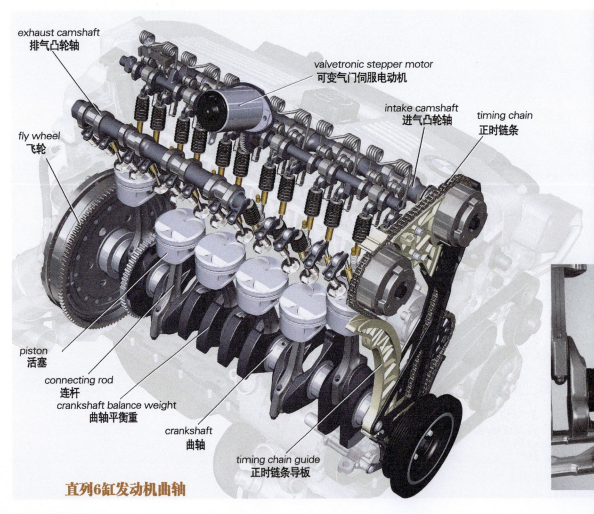

直列6缸发动机曲轴

第2章 发动机

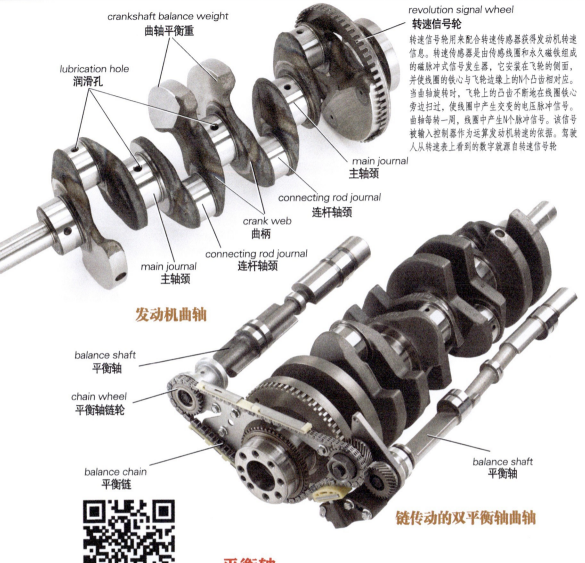

crankshaft balance weight 曲轴平衡重
lubrication hole 润滑孔
revolution signal wheel 转速信号轮

转速信号轮用来配合转速传感器获得发动机转速信息。转速传感器是由传感线圈和永久磁铁组成的磁脉冲式信号发生器,它安装在飞轮的侧面,并使线圈的铁心与飞轮边缘上的N个凸齿相对应。当曲轴旋转时,飞轮上的凸齿不断地在线圈铁心旁边扫过,使线圈中产生交变的电压脉冲信号。曲轴每转一周,线圈中产生N个脉冲信号。该信号被输入控制器作为运算发动机转速的依据。驾驶人从转速表上看到的数字就源自转速信号轮

main journal 主轴颈
connecting rod journal 连杆轴颈
crank web 曲柄
connecting rod journal 连杆轴颈
main journal 主轴颈

发动机曲轴

balance shaft 平衡轴
chain wheel 平衡轴链轮
balance chain 平衡链
balance shaft 平衡轴

链传动的双平衡轴曲轴

扫一扫,即可观看发动机平衡轴视频

平衡轴

　　平衡轴是用来平衡和减少发动机的振动,从而实现降低发动机噪声、延长发动机使用寿命、提高驾乘者舒适性的目的。

　　当活塞运行到上止点和下止点时,连杆是倾斜的,它会产生一个横向力,从而使曲轴在运转时产生振动。因为活塞完成一次往复运动要产生两次振动,所以又把这种振动称为二次振动。

　　平衡轴是一个装有偏心重块并随曲轴同步旋转的轴,利用偏心重块所产生的反向振动力,使发动机获得良好的平衡效果,降低发动机的振动。

　　平衡轴可分为单平衡轴和双平衡轴两种。

　　上图是双平衡轴设计。它在曲轴两侧设置两根平衡轴,其中一根平衡轴与发动机的转速相同,可以消除发动机的一阶振动;另一根平衡轴的转速是发动机转速的两倍,可以消除发动机的二阶振动。它们的组合使用,可达到理想的减振效果。

齿轮传动的双平衡轴曲轴

第4节 发动机配气正时机构

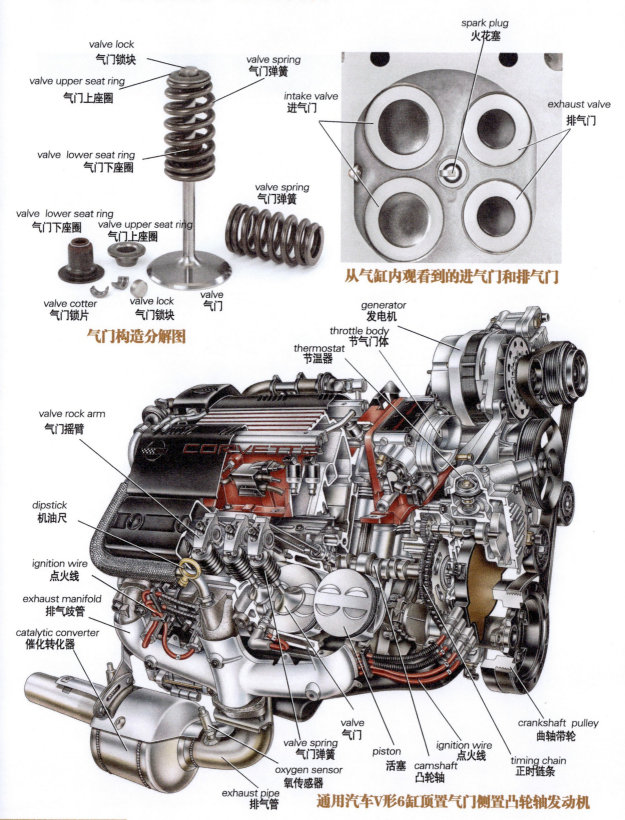

气门构造分解图

从气缸内观看到的进气门和排气门

通用汽车V形6缸顶置气门侧置凸轮轴发动机

第2章 发动机

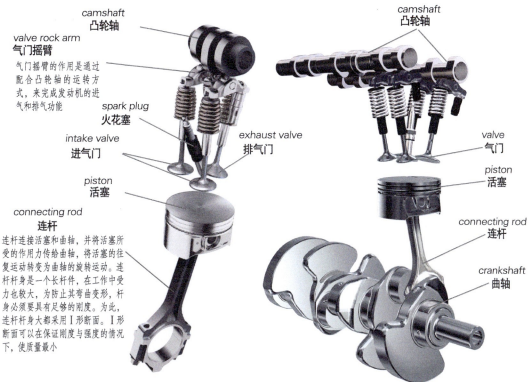

每缸3气门单顶置凸轮轴（SOHC）　　**每缸4气门双顶置凸轮轴（DOHC）**

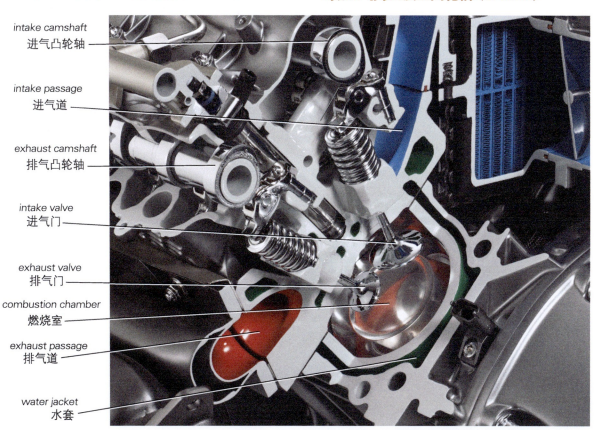

奔驰AMG 5.5升V形8缸发动机气门机构

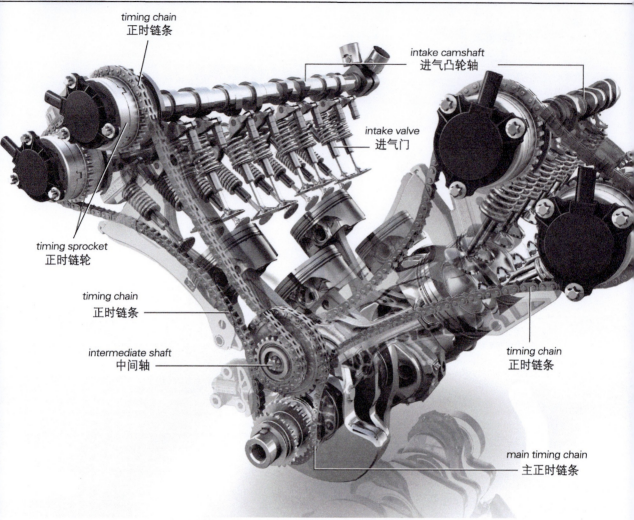

奔驰AMG 5.5升V形8缸发动机正时机构

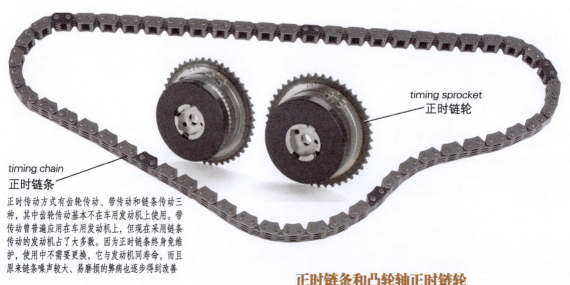

正时传动方式有齿轮传动、带传动和链条传动三种，其中齿轮传动基本不在车用发动机上使用。带传动曾普遍应用在车用发动机上，但现在采用链条传动的发动机占了大多数。因为正时链条终身免维护，使用中不需要更换，它与发动机同寿命，而且原来链条噪声较大、易磨损的弊病也逐步得到改善

正时链条和凸轮轴正时链轮

第2章 发动机

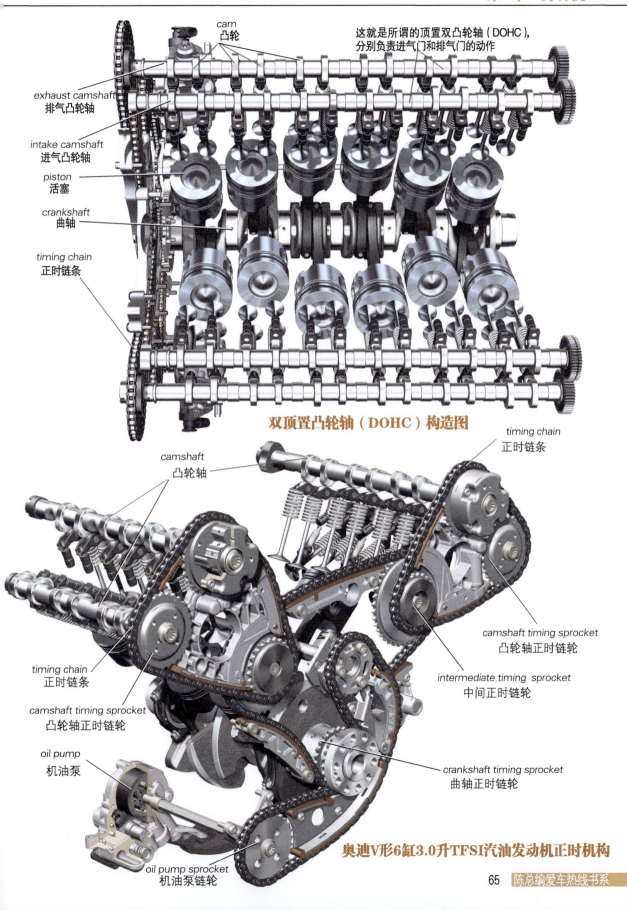

双顶置凸轮轴（DOHC）构造图

奥迪V形6缸3.0升TFSI汽油发动机正时机构

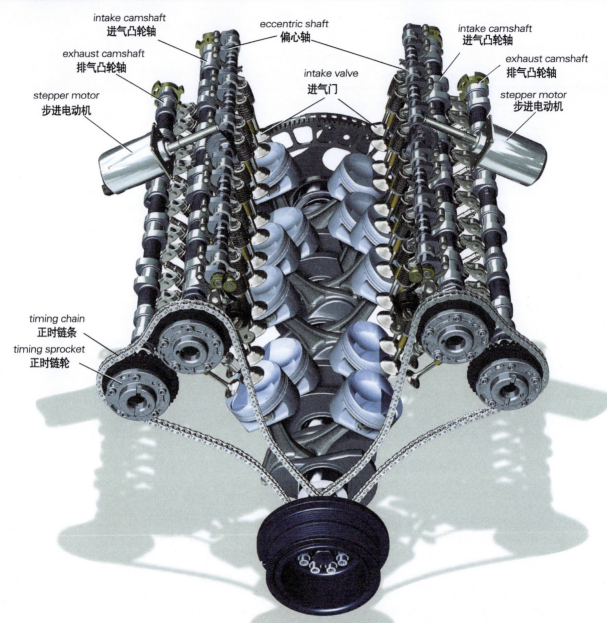

宝马V形12缸汽油发动机凸轮轴和电子气门系统

VALVETRONIC

早在 2001 年，宝马便全面引进了可变电子气门（VALVETRONIC）控制，这项令人瞩目的技术进一步减少了在日常驾驶条件时汽车的耗油量。VALVETRONIC 又被称为"无节气门负荷管理系统"，它省却了传统的节气门结构，如今已经在宝马发动机系列中得到广泛使用。从节气门到电子气门的进步，不亚于从化油器到电喷技术的革命。

VALVETRONIC 控制系统是在双凸轮轴可变气门正时系统（Double VANOS）的基础上发展而来的。Double VANOS 只能调节气门的正时，也就是气门的开闭时间，但不能对气门的升程进行调节。在增加了可以无级调节气门升程的功能后，VALVETRONIC 便应运而生。因此，所谓的 VALVETRONIC 系统，其实应包括 Double VANOS 技术。

第2章 发动机

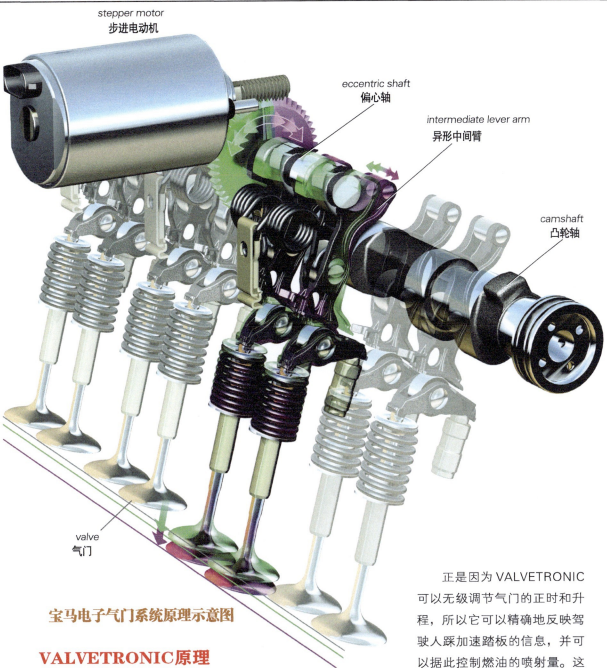

宝马电子气门系统原理示意图

VALVETRONIC原理

在 Double VANOS 的基础上,利用一个伺服电动机来控制一个偏心轴,它们之间实现一个由转速到角度的转换,从而可以使偏心轴更精确地转动;再由它控制一个异形中间臂,中间臂的运行轨迹同时受凸轮轴运动的影响。这个中间臂再带动进气门摇臂动作,可以实现对进气门的无级调节。当驾驶人踩加速踏板时,伺服电动机便会根据所收集的信号进行适当运转,然后驱动偏心轴、异形中间臂、可变正时凸轮轴和气门摇臂,对进气门的正时和升程进行无级调节。

正是因为VALVETRONIC可以无级调节气门的正时和升程,所以它可以精确地反映驾驶人踩加速踏板的信息,并可以据此控制燃油的喷射量。这样一来,原来的节气门也就显得多余。因此,现在采用VALVETRONIC的宝马发动机上的节气门在正常工况下一直处于全开模式,其功能完全由VALVETRONIC代替,并因此使发动机燃油经济性提高10%,而且使动力响应更加迅速。

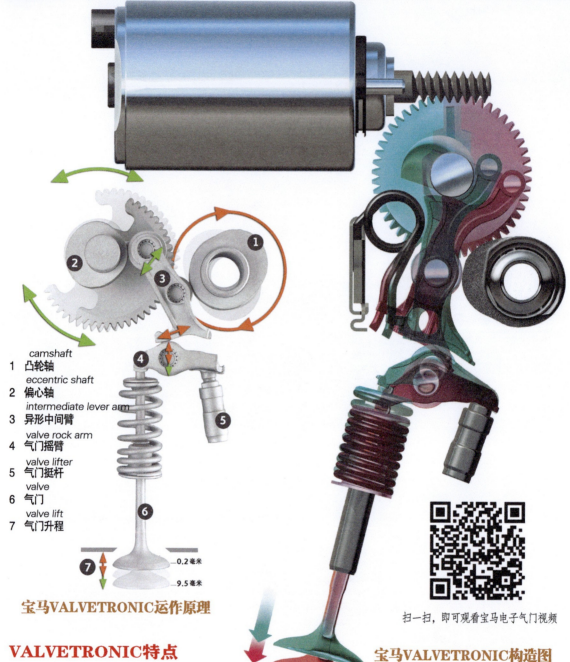

1 凸轮轴 camshaft
2 偏心轴 eccentric shaft
3 异形中间臂 intermediate lever arm
4 气门摇臂 valve rock arm
5 气门挺杆 valve lifter
6 气门 valve
7 气门升程 valve lift

宝马VALVETRONIC运作原理

扫一扫，即可观看宝马电子气门视频

VALVETRONIC特点

可变气门技术一般都是有级调节的，只能分"高速"和"低速"两种情况对气门正时或升程进行有级调节。而宝马的VALVETRONIC系统可无级调节气门的正时和升程，不仅能够"时时刻刻"使燃烧效率达到最佳状态，而且还因此省去了用来控制进气量的节气门结构。

因为发动机得以完全独立地对控制燃烧过程所需的进气量进行调节，而不再像以往那样受"无效"进气量的影响，不需要节气门的间接控制，不

宝马VALVETRONIC构造图

需要等进气充满进气歧管后才让空气进入气缸，而是直接由气门开启的深度来决定进气量和喷油量，所以发动机的动力反应更加迅猛。据称，气门升程从最大（9.5毫米）到最小（0.2毫米）的整体变化可在0.3秒内完成。

第2章 发动机

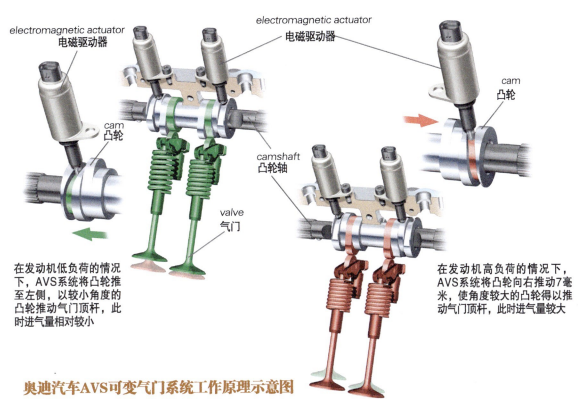

奥迪汽车AVS可变气门系统工作原理示意图

在发动机低负荷的情况下,AVS系统将凸轮推至左侧,以较小角度的凸轮推动气门顶杆,此时进气量相对较小

在发动机高负荷的情况下,AVS系统将凸轮向右推动7毫米,使角度较大的凸轮得以推动气门顶杆,此时进气量较大

扫一扫,即可观看奥迪可变气门视频

奥迪汽车AVS构造示意图

第5节 发动机增压器

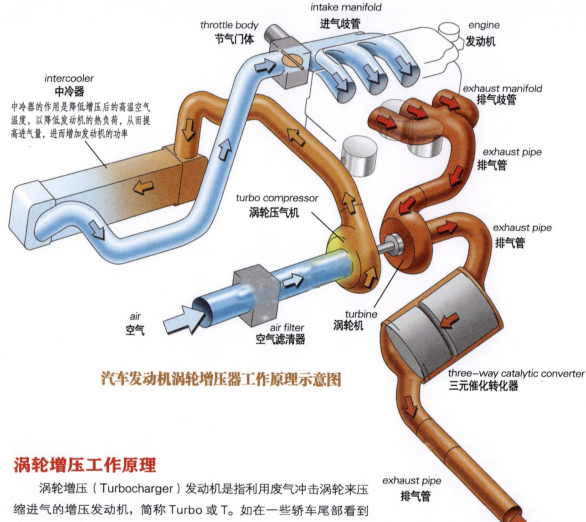

汽车发动机涡轮增压器工作原理示意图

涡轮增压工作原理

　　涡轮增压（Turbocharger）发动机是指利用废气冲击涡轮来压缩进气的增压发动机，简称 Turbo 或 T。如在一些轿车尾部看到 Turbo 或 T，即表明该车采用涡轮增压发动机。

　　这种发动机是利用发动机排放出的废气的能量，冲击装在排气系统中的涡轮，使之高速旋转，通过一根转轴带动进气涡轮以同样的速度高速旋转使之压缩进气，并强制地将增压后的进气压送到气缸中。由于发动机功率与进气量成正比，可提高发动机功率。它利用的是发动机排出的废气，因此整个增压过程基本不会消耗发动机本身的动力。

　　图中褐色代表气体的温度较高，蓝色则代表气体的温度较低。从图中可以看出，从排气歧管出来的气体温度较高，到排管末端后温度有所下降。经空气滤清器进来后的空气温度较低，为蓝色，但经压气机压缩后温度有所上升。为了提高进气效率，设置有"中冷器"对压缩后的气体进行冷却，然后以常温温度进入发动机气缸中。

第2章 发动机

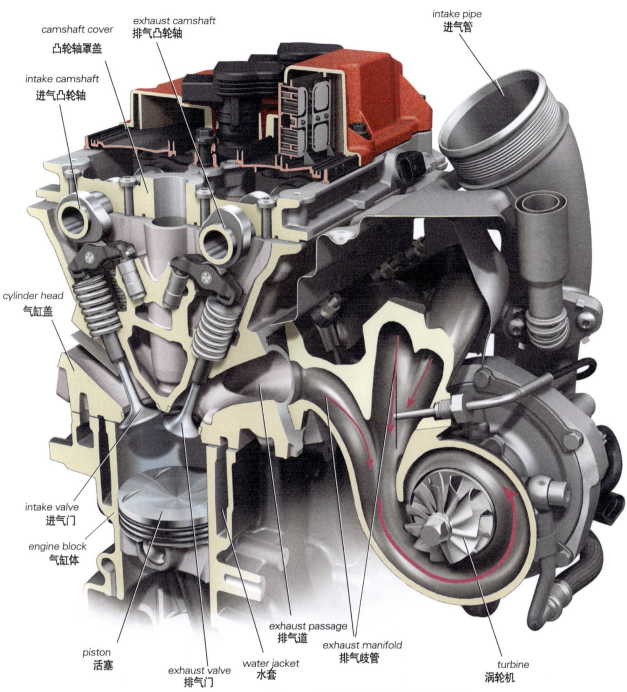

奥迪2.5升直列5缸涡轮增压发动机

涡轮的动力来源

从上图可以看出,正是从排气歧管排出的废气冲击涡轮叶片,才使得涡轮机旋转,从而带动和它同轴的压气机旋转。废气的力量则来自曲轴带动活塞上升时向上挤压燃烧废气,使燃烧废气被"挤出"气缸,从而产生一定的冲击力。

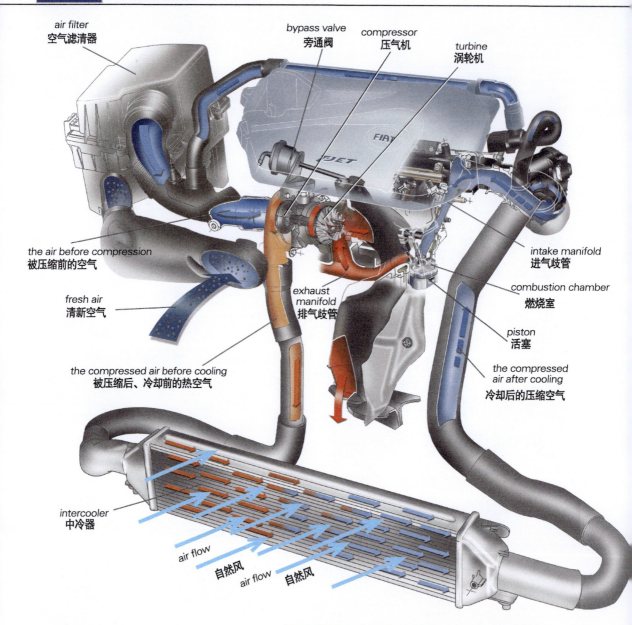

菲亚特带中冷器的涡轮增压发动机构造图

中冷器的作用

气体有这样一个特性，当它受到压缩时，随着它的密度增加，它的温度也会上升，从而影响发动机的充气效率。如果想要进一步提高充气效率，就要降低进气温度。

另外，如果未经冷却的增压空气进入燃烧室，除了会影响发动机的充气效率外，还很容易导致发动机燃烧温度过高，造成爆燃等非正常燃烧，而且会增加发动机废气中 NO_x 的含量，加重排放污染。

中冷器实际上就是个散热器，把它放置在通风良好的位置，当被压缩的空气通过后，利用自然风的作用将其热量吸收，从而降低压缩空气的温度。

第2章 发动机

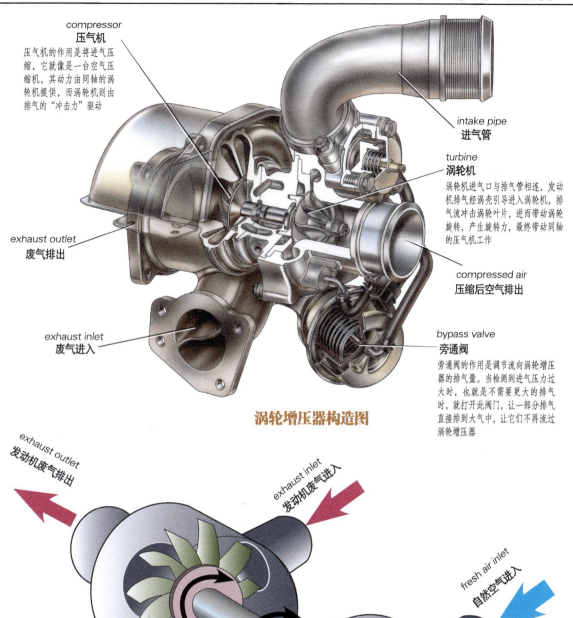

涡轮增压器构造图

- compressor 压气机
  压气机的作用是将进气压缩，它就像是一台空气压缩机，其动力由同轴的涡轮机提供，而涡轮机则由排气的"冲击力"驱动
- intake pipe 进气管
- turbine 涡轮机
  涡轮机进气口与排气管相连，发动机排气经涡壳引导进入涡轮机，排气流冲击涡轮叶片，进而带动涡轮旋转，产生旋转力，最终带动同轴的压气机工作
- compressed air 压缩后空气排出
- bypass valve 旁通阀
  旁通阀的作用是调节流向涡轮增压器的排气量。当检测到进气压力过大时，也就是不需要更大的排气时，就打开此阀门，让一部分排气直接排到大气中，让它们不再流过涡轮增压器
- exhaust outlet 废气排出
- exhaust inlet 废气进入

涡轮增压器工作原理示意图

- exhaust outlet 发动机废气排出
- exhaust inlet 发动机废气进入
- fresh air inlet 自然空气进入
- compressed air 压缩后的空气
- turbine wheel 涡轮机叶片
- compressor wheel 压气机叶片

旁通阀控制

涡轮增压器是利用废气的冲击力来驱动涡轮对进气进行压缩的。然而,随着发动机转速的提高,压缩进气的力也越来越大,甚至有可能超出设计极限,此时就需要放出一部分废气,不让它们进入涡轮增压器中参与增压工作。旁通阀的作用就在于此。

当检测到进气压力过大时,旁通阀动作,通过旁通推杆将一部分排气直接导入排气管,从而避免涡轮转速过高、进气压力过大等问题。

扫一扫,即可观看涡轮增压器工作原理视频

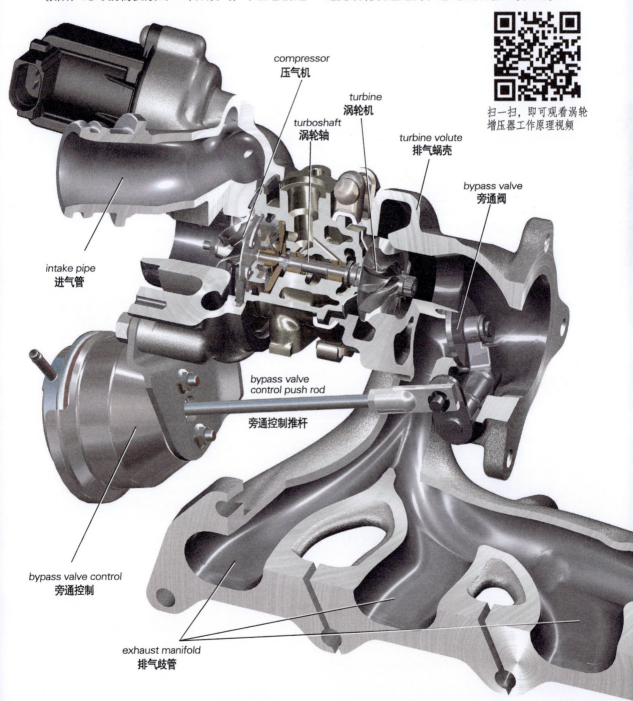

带旁通控制的涡轮增压器构造图

第2章 发动机

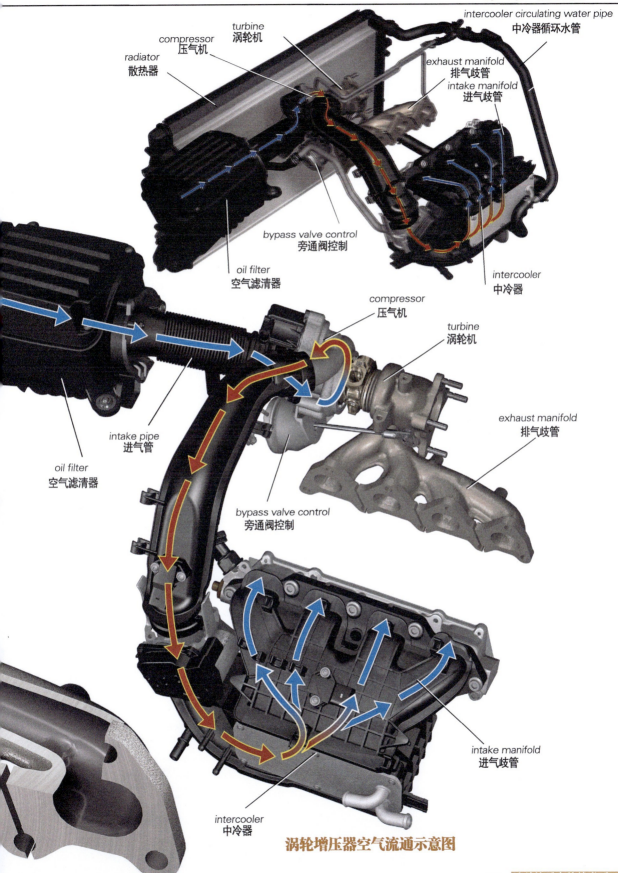

涡轮增压器空气流通示意图

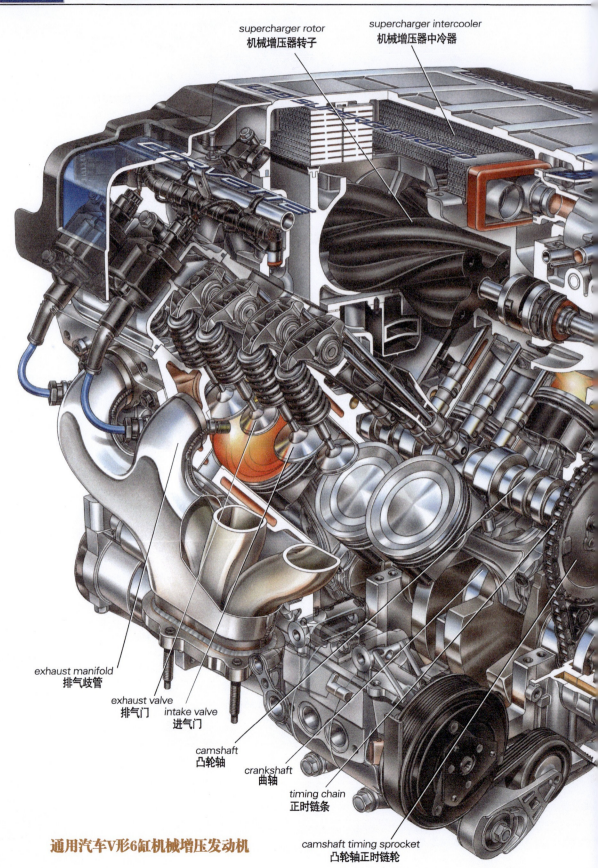

通用汽车V形6缸机械增压发动机

Turbocharger与Supercharger

机械增压器是直接利用发动机动力来驱动压气机,再将高密度空气送入气缸以提高发动机的输出功率。涡轮增压则是利用发动机的废气排放来驱动压气机。

最早的增压器全部都是机械增压,在刚发明时被称为超级增压器(Supercharge)。在涡轮增压发明后,为了区分两种增压器,就将涡轮增压器称为Turbo Supercharger,机械增压则被称为Mechanical Supercharger。再后来,两者分别被简化为Turbocharger与Supercharger。

throttle body 节气门体

water pump 水泵

generator belt 发电机传动带

coolant pipe interface 冷却液管接口

crankshaft pulley 曲轴带轮

机械增压器转子

水冷式中冷器散热部件

水冷式中冷器

在涡轮增压器和机械增压器中都要设置"中冷器",其作用是对压缩后的进气进行冷却,从而保证充气效率。中冷器的冷却方式有风冷和水冷两种。

风冷式中冷器是将散热器直接放置在发动机前端或顶端,让自然风流过时直接将散热器中的热量吹走,从而起到冷却的作用。而水冷式中冷器则是把散热器放置在进气通道中,而在散热器内部让冷却液流过,不断地对散热器内部进行冷却,从而让吹过中冷器的压缩空气得到冷却。

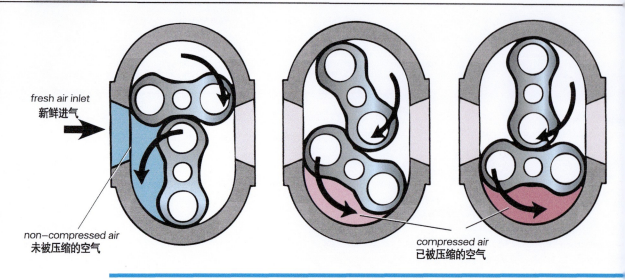

机械增压器工作过程示意图

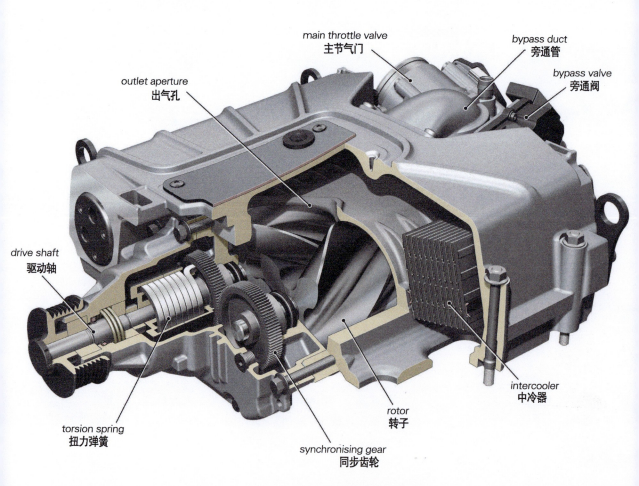

奥迪汽车3.0TFSI发动机机械增压器构造图

第2章 发动机

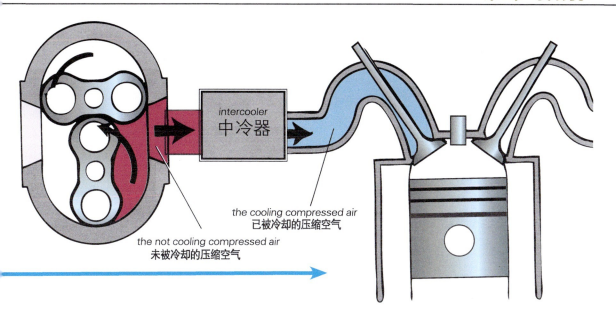

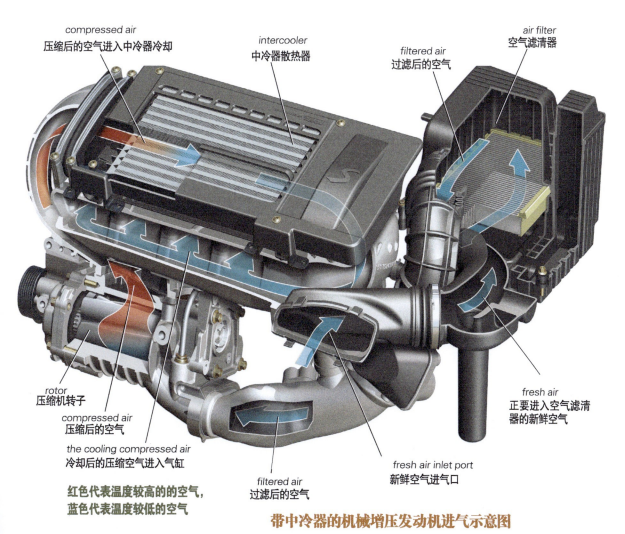

带中冷器的机械增压发动机进气示意图

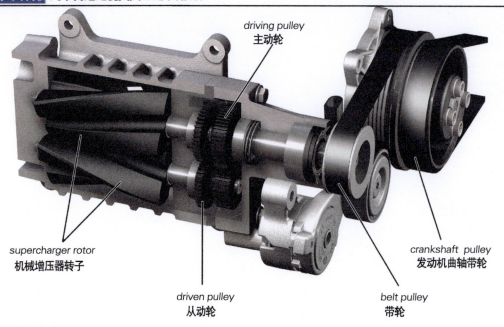

机械增压器构造图

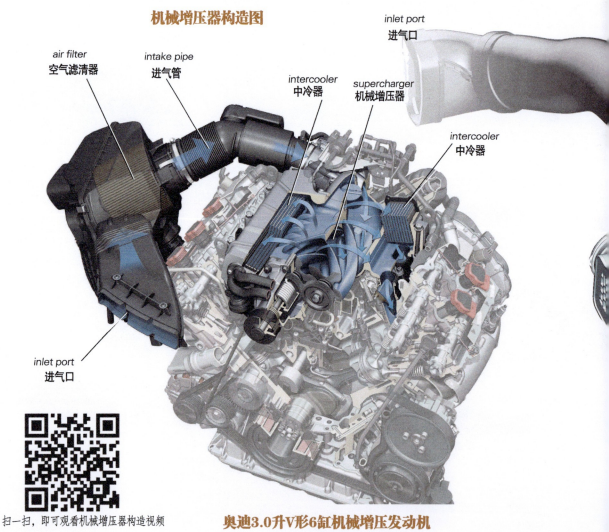

奥迪3.0升V形6缸机械增压发动机

扫一扫，即可观看机械增压器构造视频

第2章 发动机

机械增压与涡轮增压的区别

机械增压是利用发动机本身的动力来带动压气机进行增压,不仅它的增压器会消耗发动机的动力,而且它的转速会随发动机转速的变化而改变。但机械增压不会出现增压滞后的情况。虽然在发动机低速运转时效果极好,但在高速状态下其增压效果不足。

涡轮增压是利用发动机产生的废气推动排气管中的涡轮机运转,进而带动进气管中的压气机进行间接增压。它不消耗发动机的动力,而且所增压力也比机械增压器高数倍。但因为涡轮机有惯性,中间轴承也有相当大的阻力,废气突然增多时涡轮机转速不会再立即提高,所以会产生涡轮迟滞现象,在低转速时没有增压效果。

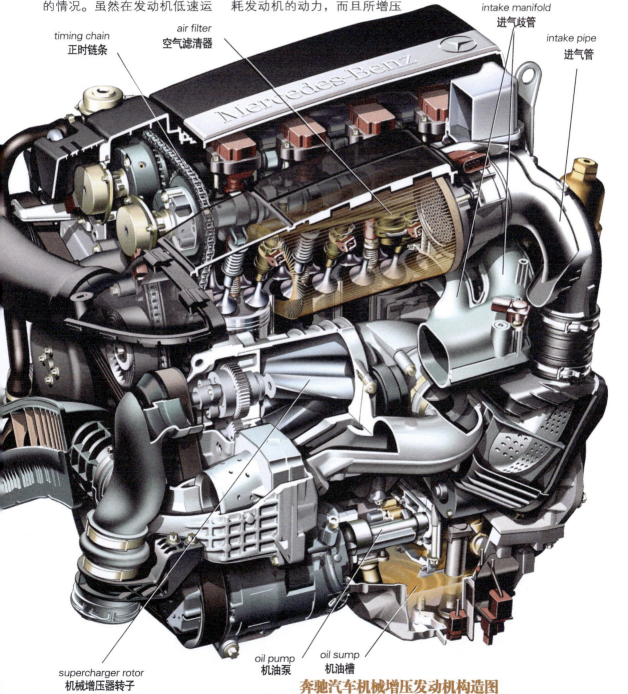

奔驰汽车机械增压发动机构造图

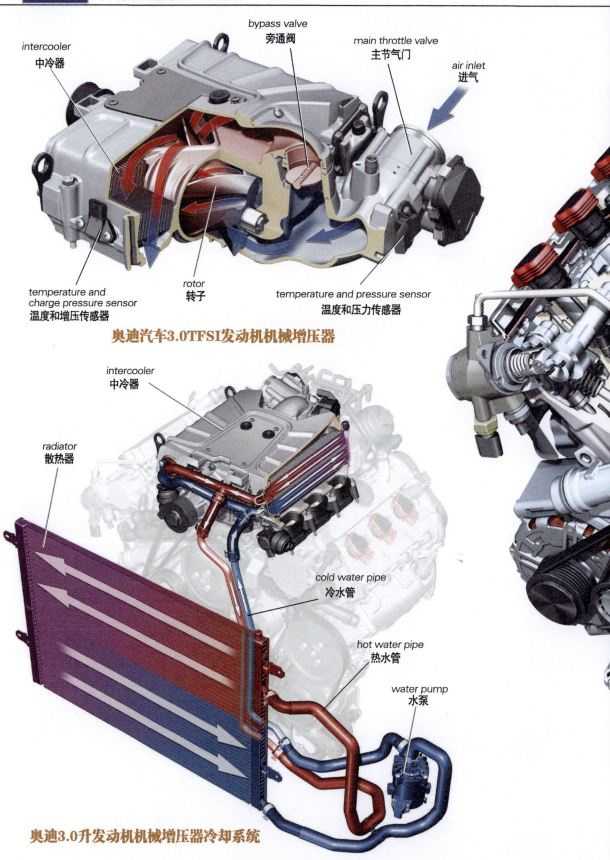

奥迪汽车3.0TFSI发动机机械增压器

奥迪3.0升发动机机械增压器冷却系统

第2章 发动机

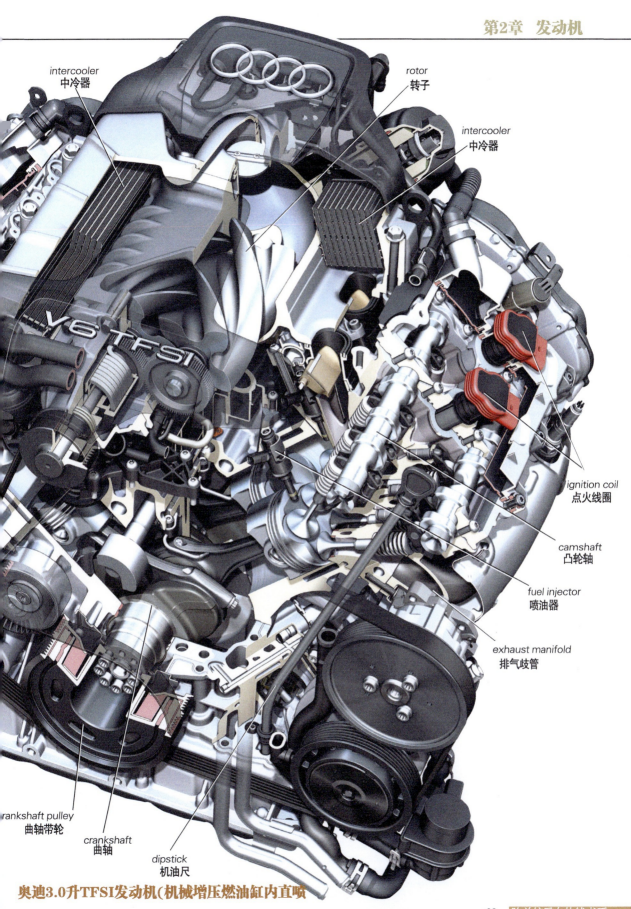

奥迪3.0升TFSI发动机(机械增压燃油缸内直喷)

第6节 发动机进气和排气

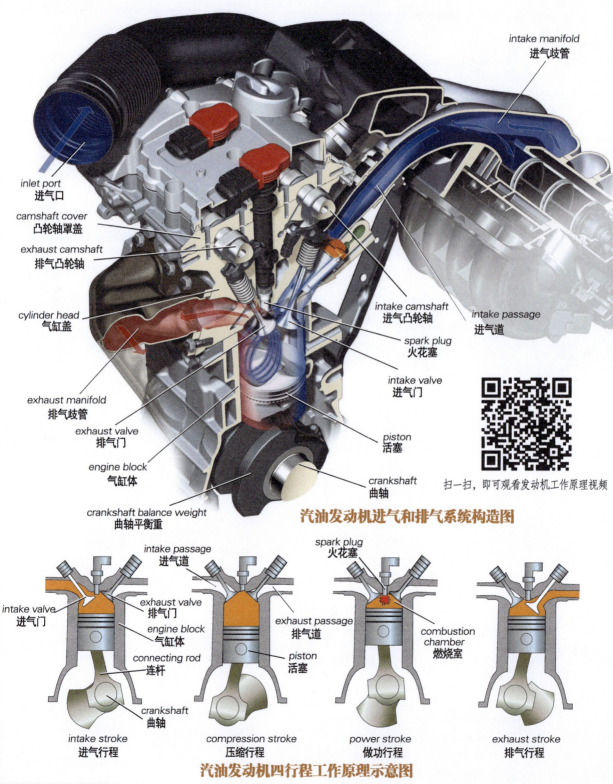

汽油发动机进气和排气系统构造图

汽油发动机四行程工作原理示意图

汽油发动机进气和排气系统剖视图

空气是怎样进入气缸的？

空气是被活塞下行时产生的真空吸入的。当活塞下行时，气缸内压力低于外部压力，当节气门和进气门打开时，空气便会在压力差的作用下进入气缸。空气进入气缸路径：进气口→空气滤清器→节气门→进气歧管→气门→气缸。

不管发动机有几个气缸，它们的进气最初都是从统一的进气口进来的，然后统一通过空气滤清器过滤，再统一通过节气门。但在进入每个气缸之前，就要利用进气歧管将空气分开，空气在此产生"分歧"，然后分别进入各个气缸。

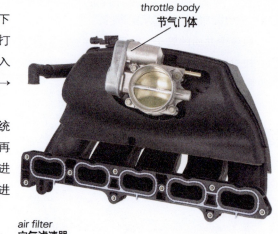

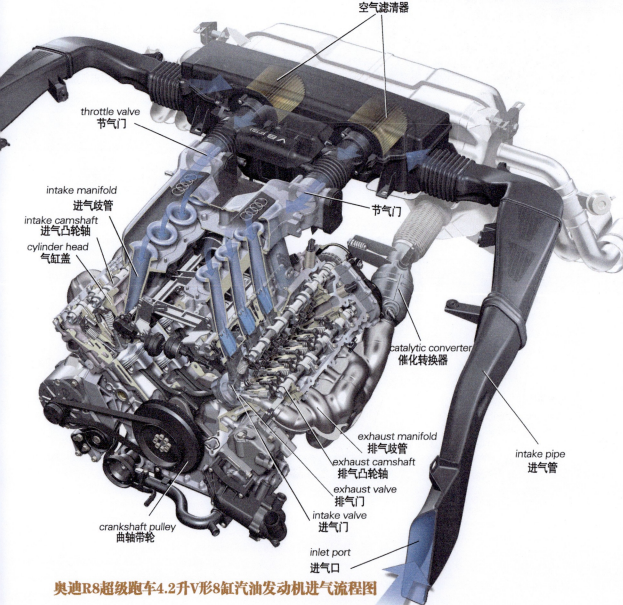

奥迪R8超级跑车4.2升V形8缸汽油发动机进气流程图

进气歧管长度变化

进气歧管是指从空气滤清器到气缸进气道那段弯弯曲曲的管子。为了调节进气量，一些发动机进气歧管的长度是可变的，其原理是根据需要打开或关闭进气歧管中的一些阀门，使进气"走捷径"或"绕道"来改变进气行程，从而调节进气量和进气速率。

一些发动机进气歧管的粗细是可变的。其实也简单，并不是改变进气管的直径，而是根据进气需求关闭副进气歧管，这样就可以达到改变进气歧管"粗细"的目的。

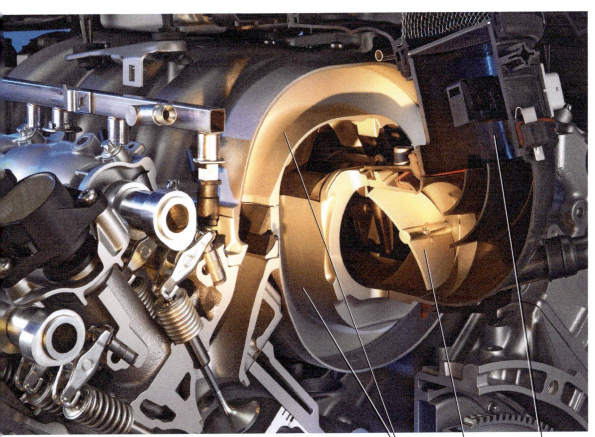

奔驰V形8缸汽车发动机可变进气歧管长度构造图

intake manifold 进气歧管　　flip chip 翻转片　　flip chip control 翻转片控制

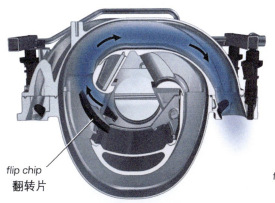

flip chip 翻转片

高转速时进气歧管长度缩短

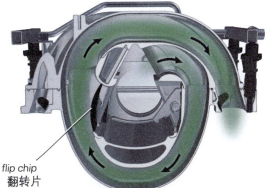

flip chip 翻转片

低转速时进气歧管长度变长

奔驰V形8缸汽车发动机可变进气歧管长度机构原理图

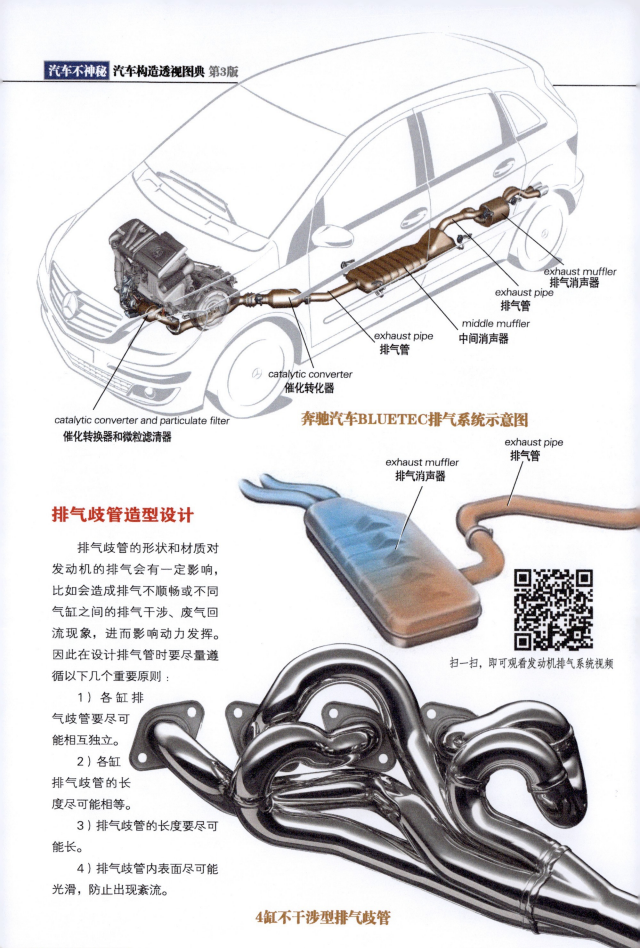

奔驰汽车BLUETEC排气系统示意图

排气歧管造型设计

排气歧管的形状和材质对发动机的排气会有一定影响，比如会造成排气不顺畅或不同气缸之间的排气干涉、废气回流现象，进而影响动力发挥。因此在设计排气管时要尽量遵循以下几个重要原则：

1）各缸排气歧管要尽可能相互独立。

2）各缸排气歧管的长度尽可能相等。

3）排气歧管的长度要尽可能长。

4）排气歧管内表面尽可能光滑，防止出现紊流。

扫一扫，即可观看发动机排气系统视频

4缸不干涉型排气歧管

第2章 发动机

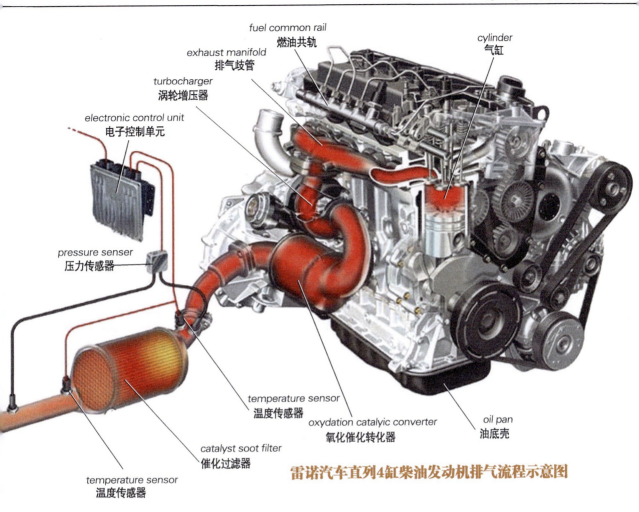

雷诺汽车直列4缸柴油发动机排气流程示意图

4缸双联型排气歧管

氧传感器的作用

现在汽车的发动机都采用电脑（ECU）控制燃油的喷射，必须精确地控制混合气的空燃比（空气和燃油比例的理想值为 14.7∶1），才能使燃油的燃烧效率尽可能高。氧传感器实际上就是测量排气中氧气含量的部件。当排气中的氧气含量高于或低于规定时（也就是空燃比偏离理想值时），氧传感器就会向发动机 ECU 报告，ECU 就会根据情况自动调节喷油量。目前车辆大多安装有两个氧传感器，在三元催化转化器前后方各有一个。前方氧传感器的作用是检测发动机不同工况的空燃比，同时 ECU 根据该信号调整喷油量和计算点火时间。后方氧传感器的作用主要是检测三元催化转化器的工作好坏，即催化器的转化率。通过与前氧传感器数据的比较，来检测三元催化转化器是否工作正常。

第7节 发动机燃油供给系统

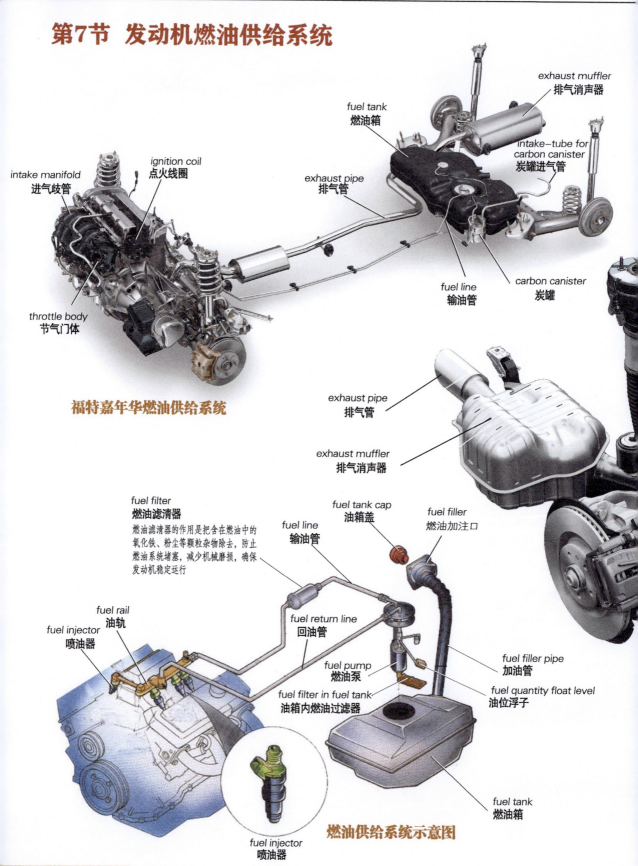

福特嘉年华燃油供给系统

燃油滤清器的作用是把含在燃油中的氧化铁、粉尘等颗粒杂质除去,防止燃油系统堵塞,减少机械磨损,确保发动机稳定运行

燃油供给系统示意图

第2章 发动机

exhaust muffler 排气消声器
发动机的排气压力约为0.3~0.5MPa，温度约500~700℃，表明排气有一定的能量。同时，排气的间歇性会在排气管内引起排气压力的脉动。如果将发动机排气直接排放到大气中，势必产生很大的噪声。排气消声器的作用就是通过逐渐降低排气压力和衰减排气压力的脉动，来消减排气噪声

exhaust pipe 排气管

shock absorber 减振器

fuel filler 加油口

fuel filler pipe 加油管

brake disc 制动盘

brake caliper 制动钳

suspension link 悬架连杆

fuel tank 燃油箱

drive shaft 传动轴

exhaust pipe 排气管

fuel tank 燃油箱
燃油箱是个相对密闭的系统，油箱上通常设有通风装置，以防止随着油量的过度消耗而在箱内与大气的压力差作用下导致箱体变形。早期的燃油箱大多由金属材料制成，后来多改用合成材料以满足轻量化及结构设计的要求。燃油箱一般设有两个出口：一个是燃油加注口，一个是用来装入燃油泵和燃油计量装置的口

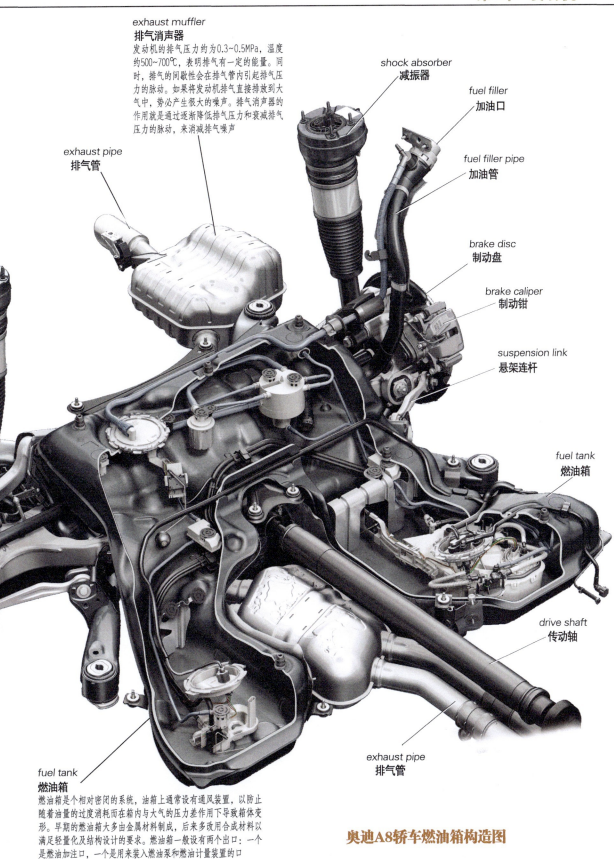

奥迪A8轿车燃油箱构造图

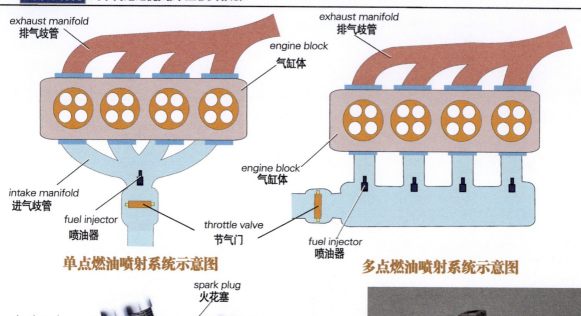

单点燃油喷射系统示意图　　多点燃油喷射系统示意图

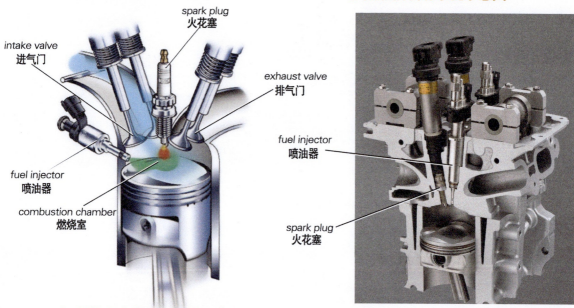

缸内燃油直接喷射系统示意图

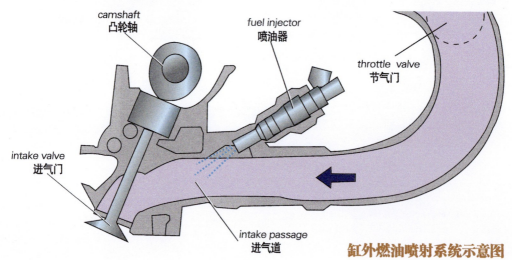

缸外燃油喷射系统示意图

高压共轨技术

高压共轨技术是指在由高压燃油泵、压力传感器和电子控制单元（ECU）组成的闭环控制系统中，将喷射压力的产生和喷射过程彼此完全分开的一种供油方式。它由高压燃油泵把高压燃油输送到公共油轨中，通过对公共油轨内油压的精确控制，使高压油管的压力大小与发动机的转速无关，大幅度减小了供油压力随发动机转速变化而变化的程度，从而提高燃油喷射量的控制精度。因为喷油量大小取决于油轨压力和喷油器开启时间的长短。

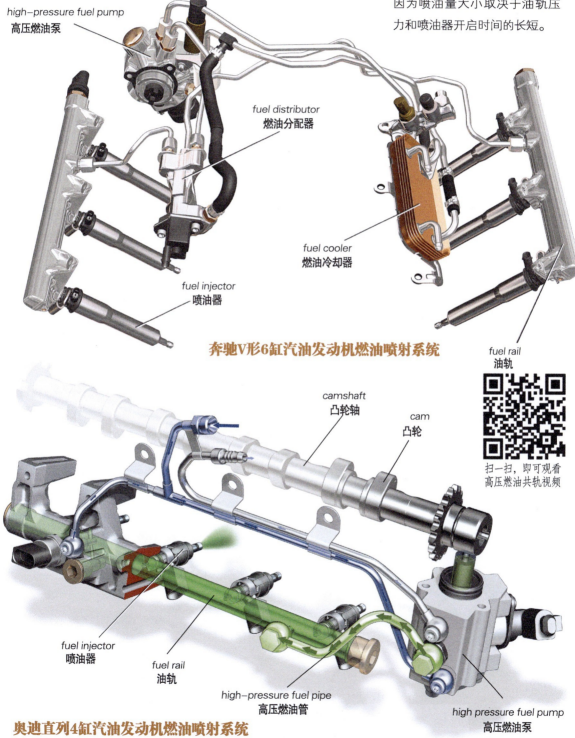

奔驰V形6缸汽油发动机燃油喷射系统

奥迪直列4缸汽油发动机燃油喷射系统

扫一扫，即可观看高压燃油共轨视频

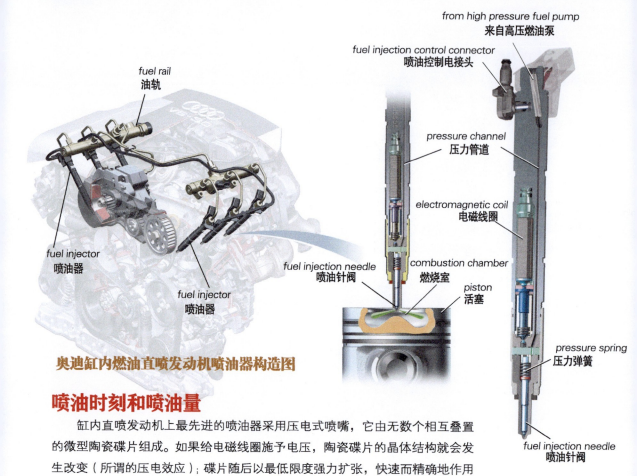

奥迪缸内燃油直喷发动机喷油器构造图

喷油时刻和喷油量

  缸内直喷发动机上最先进的喷油器采用压电式喷嘴，它由无数个相互叠置的微型陶瓷碟片组成。如果给电磁线圈施予电压，陶瓷碟片的晶体结构就会发生改变（所谓的压电效应）；碟片随后以最低限度强力扩张，快速而精确地作用于控制阀；控制阀则会触发喷射针，从而喷射燃油。当电磁线圈断电后，磁力消失，在压力弹簧的作用下，喷油针阀回复原位，喷油结束。这样通过控制电磁线圈的电压，就可以实现喷油时刻和喷油量的精确控制。

通用汽车直列4缸发动机燃油喷射系统

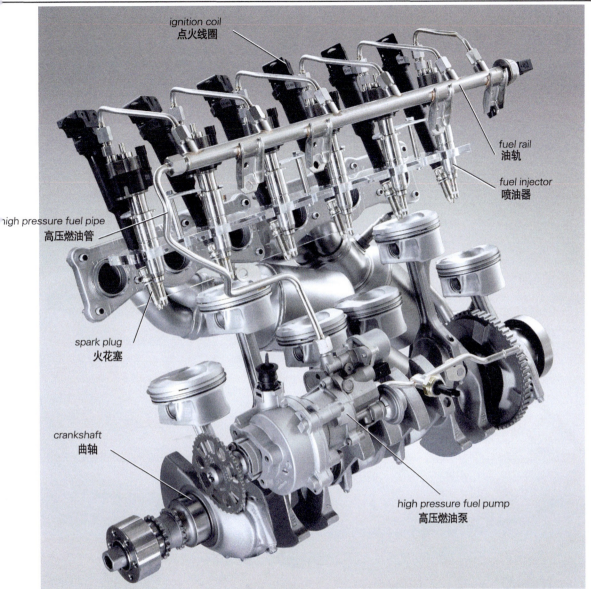

宝马直列6缸汽油发动机燃油喷射系统

通用汽车缸内燃油直喷发动机喷油器

第8节 发动机起动和点火系统

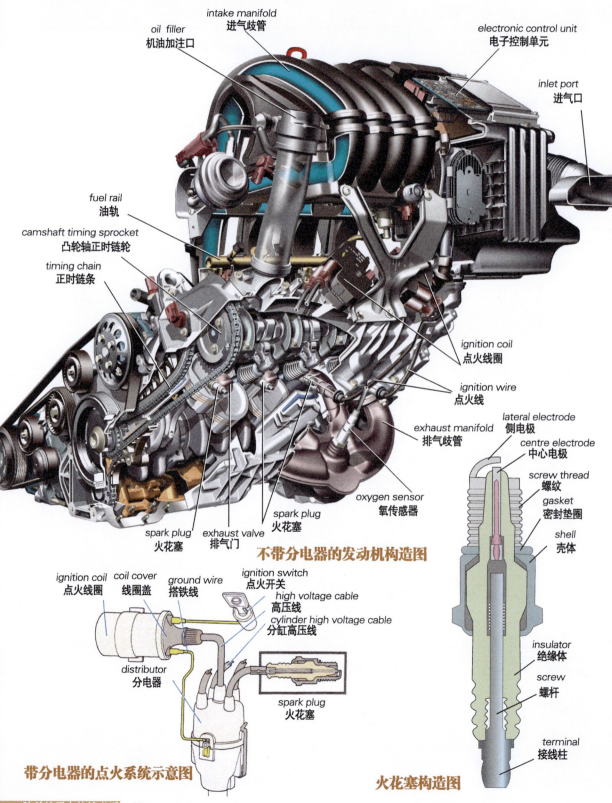

不带分电器的发动机构造图

带分电器的点火系统示意图

火花塞构造图

第2章 发动机

蓄电池

顾名思义，蓄电池是储存电能的装置，它将从发电机获得的电能暂时储存起来，供汽车发动机和用电设备使用。现在汽车普遍采用铅酸电池，也就是在稀硫酸溶液中放置成对的极板（一个正极板和一个负极板），每对极板之间就会产生电流。为了防止极板间短路，还在正极板和负极板之间放置一块隔板。

每对极板可以产生2伏电压，把6对极板串联起来，就组成一个12伏电压的蓄电池。

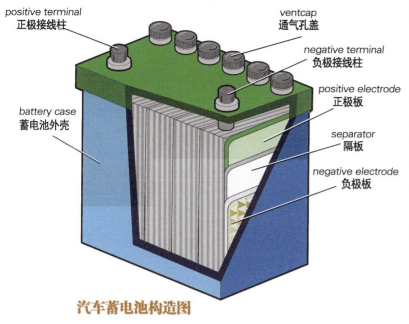

汽车蓄电池构造图

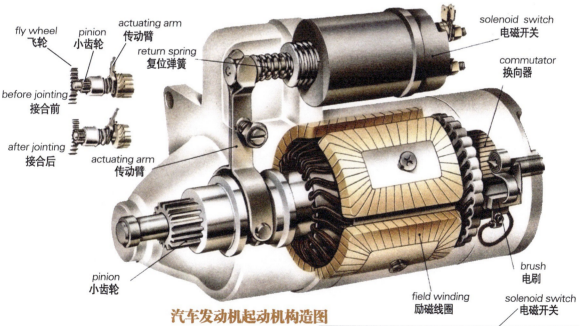

汽车发动机起动机构造图

起动机和电磁开关

在起动机的顶部"背"着一个电磁开关，它在通电后可以推动小齿轮与飞轮接合，从而驱动飞轮旋转，起动发动机。当通往电磁开关的电路断开后，在复位弹簧的作用下，小齿轮再从飞轮上退出，终止起动。当驾驶人扭转点火开关到起动档时，就是在控制通往电磁开关的电路。

汽车发动机起动机外观

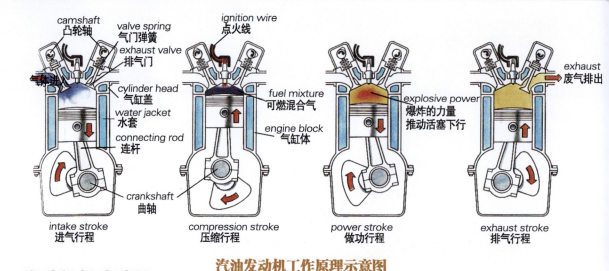

汽油发动机工作原理示意图

发动机起动过程

当驾驶人将车钥匙插进点火开关并扭动到起动档或按动起动按钮时,起动机的电路接通,蓄电池的电流便流入起动机和电磁离合器的线圈,这时起动机就运转起来,同时电磁离合器推动小齿轮和飞轮上的齿圈接合,把起动机旋转的力量扩大传送给曲轴,带动曲轴旋转;曲轴再带动活塞上下移动。在扭动点火开关的同时,发动机的电子控制单元(或称为发动机电脑)也得到电信号,它将计算并指挥燃油供给系统向气缸内喷射燃油;同样是在扭动点火开关的同时,点火线圈也被接通,它在发动机电脑的指挥下按顺序接通各个气缸的火花塞,并点燃气缸内被压缩至燃烧室的可燃混合气,从而产生爆炸力,推动活塞下行,再推动曲轴继续旋转。如此这般,发动机的曲轴就会不间断地旋转起来,从而使发动机完全起动。

发动机起动后,起动机小齿轮和飞轮齿圈会自动分开;当操纵点火开关的手松开时,起动机电路自动切断,起动机停止运转。

发动机转动后,带动附在发动机旁的发电机运转而产生电力,提供点火系统及车上的电器使用,如音响、车灯等。

汽车发电机构造图

第2章 发动机

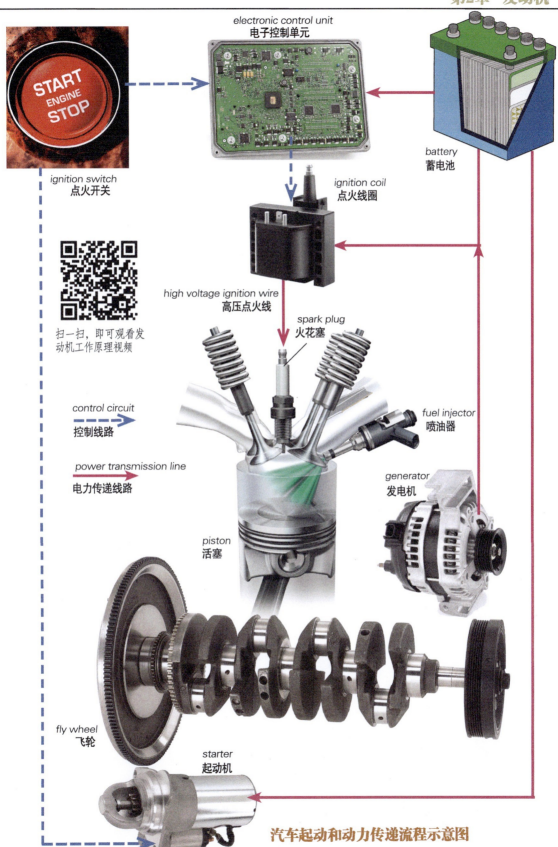

汽车起动和动力传递流程示意图

第9节 发动机冷却和润滑系统

散热器构造

发动机冷却方式分水冷及风冷两种。水冷是指利用冷却液来降低发动机的温度，而风冷则是指用自然风或风扇来吹散发动机热气，达到降低发动机温度的目的。一般车用发动机为水冷式。

水冷式发动机是通过水泵使环绕在气缸周围水套中的冷却液加速流动，并把水套中的冷却液引入散热器中，再利用行驶中吹进的自然风和风扇的吹风，使冷却液在散热器中进行冷却，然后再将它们引入水套中，进行周而复始的循环冷却。

散热器由水管和散热片组成。这些水管细小扁平，并且呈回曲线状。在水管间隙夹装很薄但层层折叠的散热片，以增加水管的散热面积。当自然风吹过散热片时便会将从水管散发出的热量带走，从而起到降温冷却的作用。

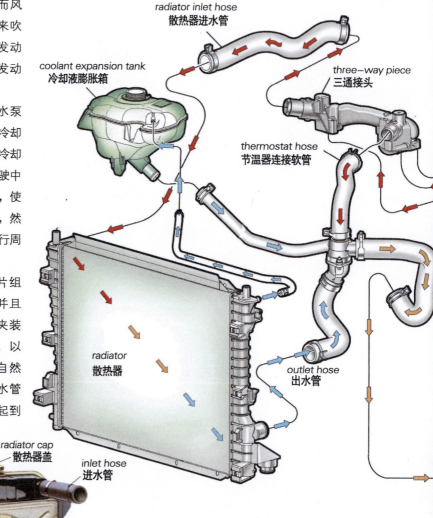

散热器和风扇构造图

第2章 发动机

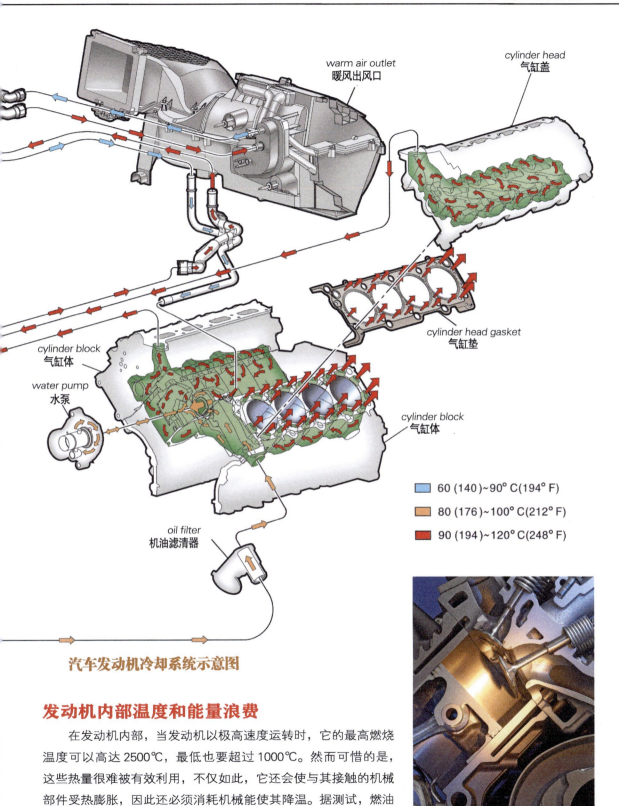

汽车发动机冷却系统示意图

发动机内部温度和能量浪费

在发动机内部，当发动机以极高速度运转时，它的最高燃烧温度可以高达2500℃，最低也要超过1000℃。然而可惜的是，这些热量很难被有效利用，不仅如此，它还会使与其接触的机械部件受热膨胀，因此还必须消耗机械能使其降温。据测试，燃油燃烧产生的总热量的1/3会被吹散到大气中，这部分能量被白白浪费掉。

讴歌V形6缸VTEC汽油发动机构造图

汽车发动机水泵构造图

第2章 发动机

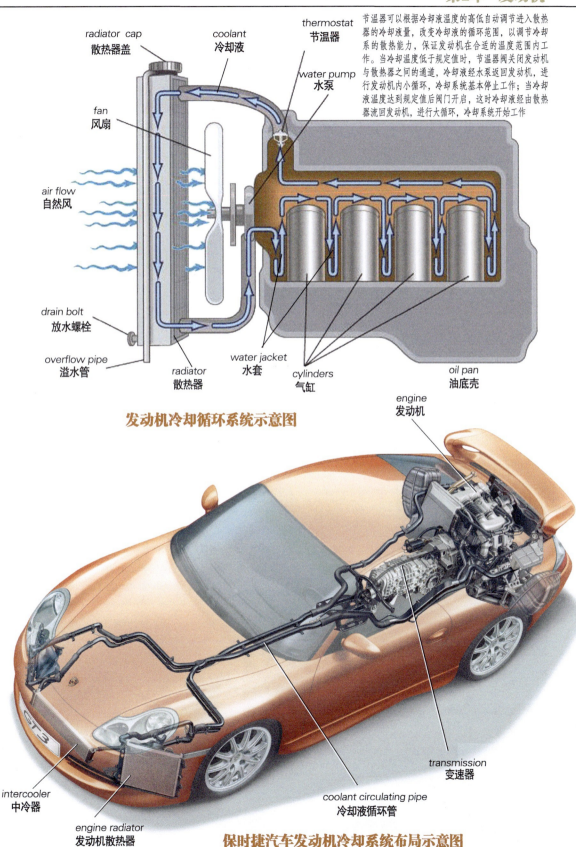

节温器可以根据冷却液温度的高低自动调节进入散热器的冷却液量,改变冷却液的循环范围,以调节冷却系的散热能力,保证发动机在合适的温度范围内工作。当冷却液温度低于规定值时,节温器阀关闭发动机与散热器之间的通道,冷却液经水泵返回发动机,进行发动机内小循环,冷却系统基本停止工作;当冷却液温度达到规定值后阀门开启,这时冷却液经由散热器流回发动机,进行大循环,冷却系统开始工作

发动机冷却循环系统示意图

保时捷汽车发动机冷却系统布局示意图

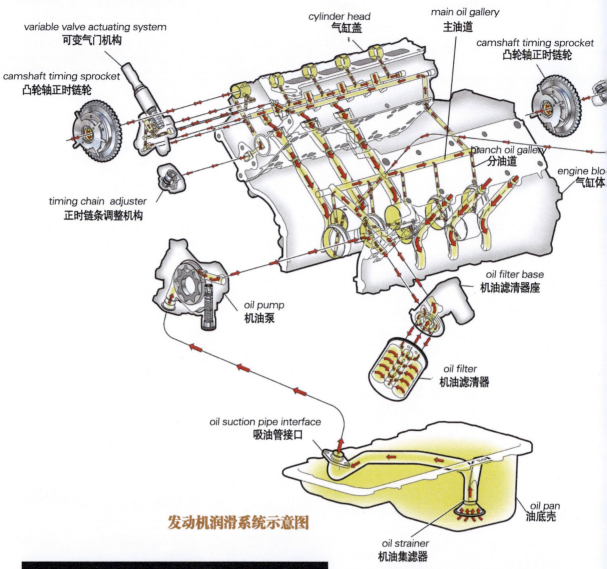

发动机润滑系统示意图

奥迪A8汽车发动机机油泵内部构造图

宝马V10发动机机油泵内部构造图

第2章 发动机

机油循环过程

当发动机不工作时,机油主要储存在油底壳中。当发动机运转时,机油从油底壳经机油集滤器被机油泵抽送到机油滤清器中,然后经机油滤清器滤清后进入主油道,再通过各分油道进入润滑部件进行润滑。润滑后的机油在重力作用下再流回到油底壳,参与再循环。

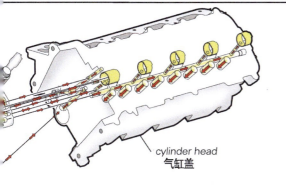

cylinder head 气缸盖

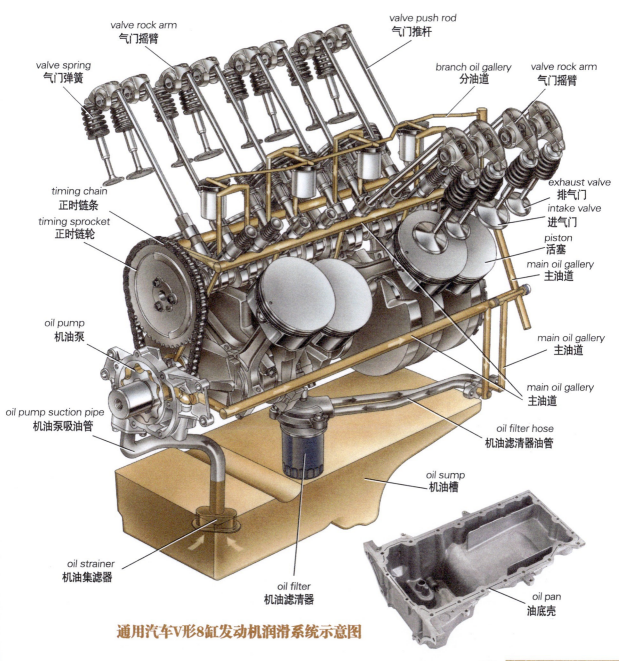

通用汽车V形8缸发动机润滑系统示意图

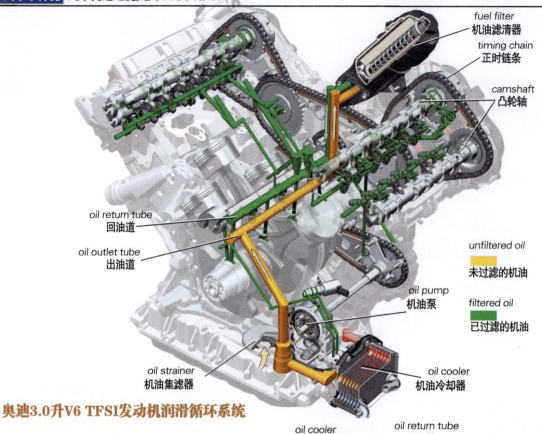

奥迪3.0升V6 TFSI发动机润滑循环系统

水平对置发动机润滑系统较为复杂

水平对置发动机的气缸呈横卧形状,而且是呈对向排列。因此,将机油抽送到气缸各处参与润滑的难度,相比直列或V形气缸发动机大。更难的是参与润滑后的机油无法在重力作用下流回油底壳,必须使用机油泵再送回机油箱。右图是保时捷水平对置6缸发动机,它共使用了5个机油泵,才确保发动机润滑系统能正常运行。

扫一扫,即可观看水平对置发动机视频

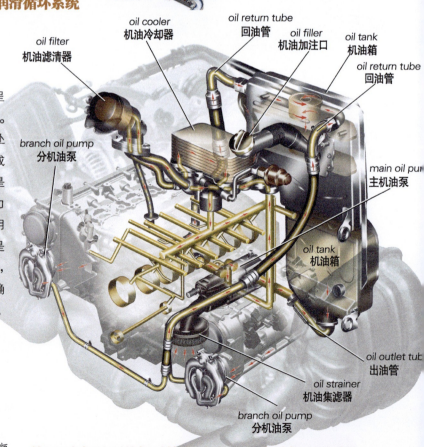

使用5个机油泵的保时捷水平对置6缸发动机润滑系统

第2章 发动机

干式油底壳

我们在马路上看到的汽车,它们的发动机大多采用湿式油底壳。之所以命名为湿式油底壳,是因为发动机的曲轴曲拐和连杆大头在曲轴每旋转一周时都会浸入油底壳的机油内一次,从而起到润滑作用,同时曲拐每次高速浸入油液时都会激起一定的油花和油雾,还可以对曲轴和轴瓦进行润滑。

然而,这种润滑方式对于追求运动性能和越野性能的车型来讲就存在一个比较大的问题:当汽车高速过弯或者在极限越野中车身倾斜很大时,由于离心力或者重力作用而造成机油聚集于油底壳的一个局部,导致部分曲拐不能浸入油液,从而影响润滑。

为了解决这个问题,就把发动机底部的油底壳取消,改成独立安装一个机油箱,利用机油泵的压力强制将机油送到各个润滑处,并将润滑后的机油回送到机油箱。这种润滑方式就称为干式油底壳。

采用干式油底壳的奥迪5.0升V10 TFSI发动机

奔驰SLS AMG发动机干式油底壳

第10节 节能和新能源动力系统

丰田普锐斯混合动力汽车

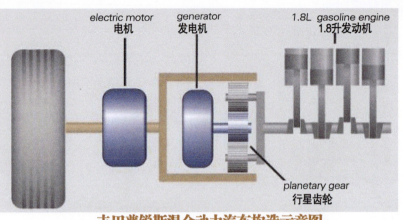

丰田普锐斯混合动力汽车构造示意图

丰田普锐斯混合动力汽车采用混联式混合动力，它有一台电机和一台发电机，其中电机的最大功率为53千瓦（72马力），最大转矩为163牛·米。发动机则采用1.8升的自然吸气汽油发动机，最大功率为72千瓦（98马力），最大转矩为142牛·米。电机、发电机和发动机三者之间通过一个行星齿轮机构协调配合，具体构造见前页，而其工作过程则参看下页。

新型的普锐斯混合动力汽车的动力电池有两种选择：一是锂离子电池；二是镍氢电池。

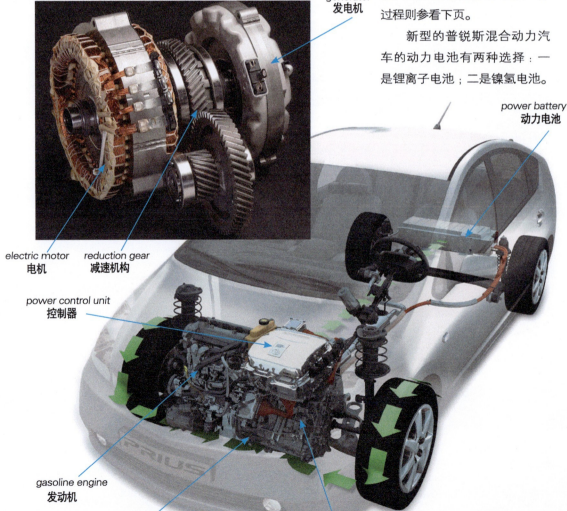

丰田普锐斯混合动力汽车构造图

第2章 发动机

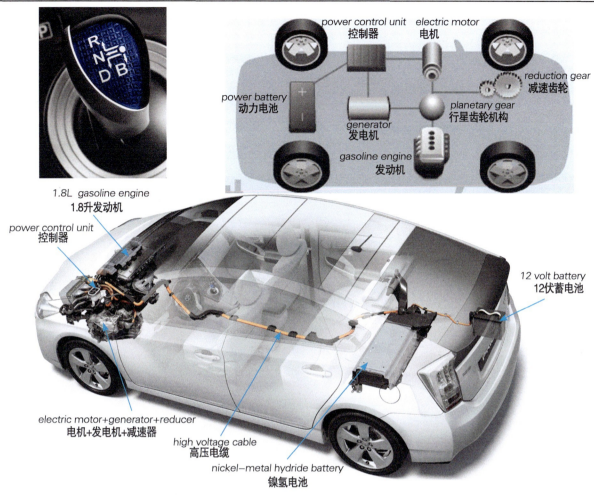

丰田普锐斯混合动力汽车构造图

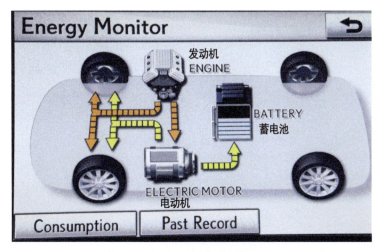

丰田混合动力汽车能量监视图

12伏蓄电池

在丰田普锐斯混合动力汽车上,除了配备一个大容量的镍氢蓄电池外,还在车尾部配备了一个普通汽车上使用的12伏蓄电池。这个12伏蓄电池并不多余,它主要负责为车上低压电器设置如音响、灯光、仪表等供电。

而作为动力电能储存的镍氢蓄电池为高压蓄电池,其电压超过200伏。它不可用来为车上的低压设备供电。

奔驰S400 Hybrid混合动力汽车

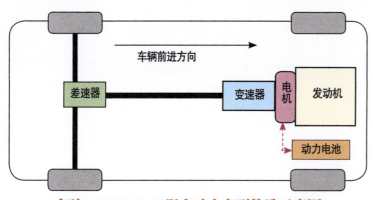

奔驰S400 Hybrid混合动力车型构造示意图

奔驰 S400 Hybrid 混合动力车型采用汽油发动机与电机混合动力系统，其中 3.5 升的汽油发动机可提供 205 千瓦（279 马力）的功率，电机可产生 15 千瓦（20 马力）的输出功率和 160 牛·米的起动转矩。在汽油发动机和电机的共同作用下，奔驰 S400 Hybrid 的综合输出功率达到 220 千瓦（299 马力），综合最大转矩为 385 牛·米。

在奔驰 S400 Hybrid 的混合动力模块中，圆盘形电机扮演着电动机和发电机的双重角色。在加速阶段，电机作为电动机

奔驰S400 混合动力车型动力系统

扫一扫，即可观看雷克萨斯混合动力汽车视频

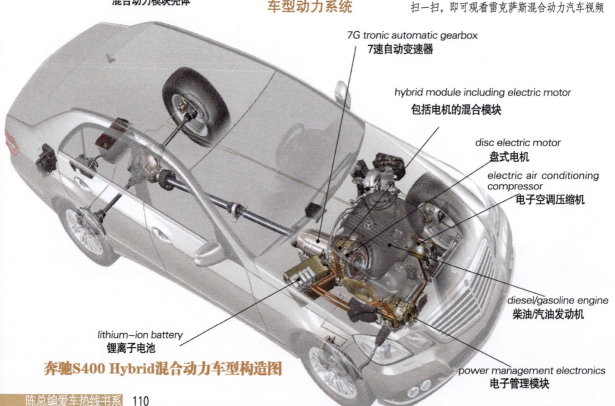

奔驰S400 Hybrid混合动力车型构造图

使用，介入动力辅助工作，提供160牛·米的最大额外转矩，帮助车辆达到转矩峰值。也就是说，在加速阶段，虽然汽油发动机动力也较强，但在电机"帮一把力"的情况下，车辆能得到更快的加速动力，自然就可节省汽油发动机的一部分能量。这是一种"以加为减"的节能哲学。

在制动过程中，电机会充当发电机的角色，能够回收制动过程中损失的动能，将回收的能量储存在锂离子电池中，并在需要时重新利用。

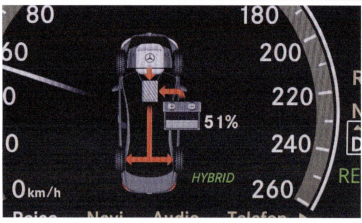

在起步和加速过程中，圆盘形电机作为电动机，与发动机一起，形成合力共同驱动车轮旋转，帮助汽车以更大的驱动力起步或加速

在制动过程中，后轮拖动发动机运转，发动机再拖动圆盘形电机运转。此时电机作为发电机工作，向动力电池充电

奔驰S400混合动力车型电机

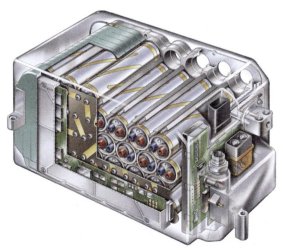

奔驰S400混合动力车型高压锂离子电池

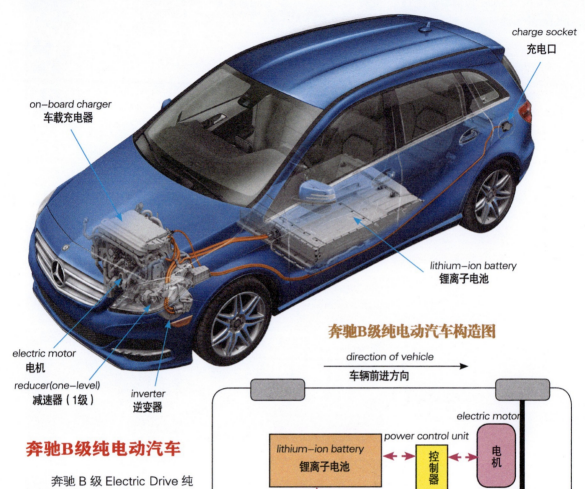

奔驰B级纯电动汽车

奔驰 B 级 Electric Drive 纯电动车是与特斯拉合作的产品，它配备一台可以输出最大功率为 100 千瓦（136 马力）的电机，最大转矩可达到 310 牛·米，这个数据与 3.0 升的汽油发动机相当。该车在电池满电时续驶里程为 200 千米，并且快充 1 小时可以获得 100 千米的续驶能力。该车 0—100 千米/时的加速时间不到 10 秒，最高车速为 160 千米/时。

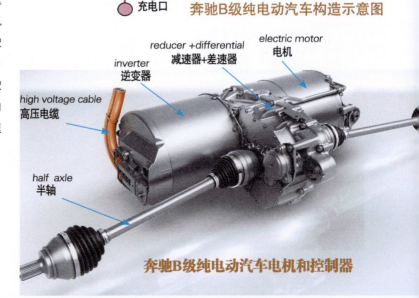

第2章 发动机

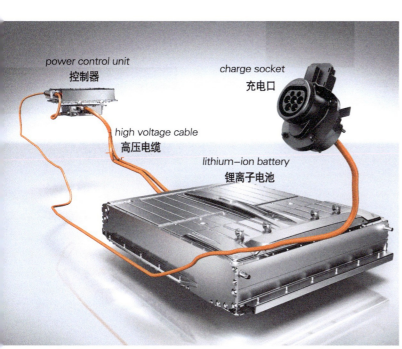

能量流图：充电状态

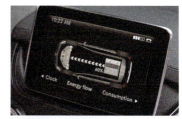

能量流图：电动状态

能量流图：能量回收状态

奔驰B级纯电动汽车充电系统

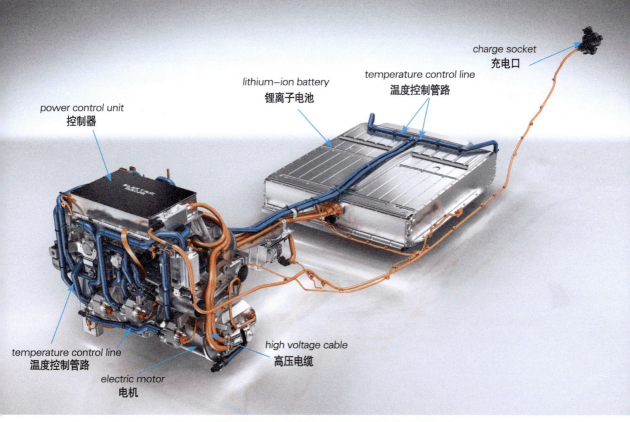

奔驰B级纯电动汽车动力和温度控制系统

奥迪A3 e-tron插电式混合动力汽车

奥迪 A3 e-tron 插电式混合动力汽车，其混合动力模块位于发动机与变速器之间，属于并联混合动力方式，电机和发动机都可以独立驱动汽车前进。在发动机单独运转时，可通过双质量飞轮绕开电机直接将动力传递给变速器；而纯电动模式下，则仅将电机的动力传递给变速器。奥迪 A3 e-tron 的最大综合续驶里程为 940 千米，最大纯电续驶里程为 50 千米。

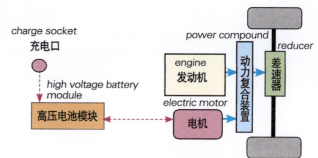

奥迪A3 e-tron并联式混合动力构造示意图

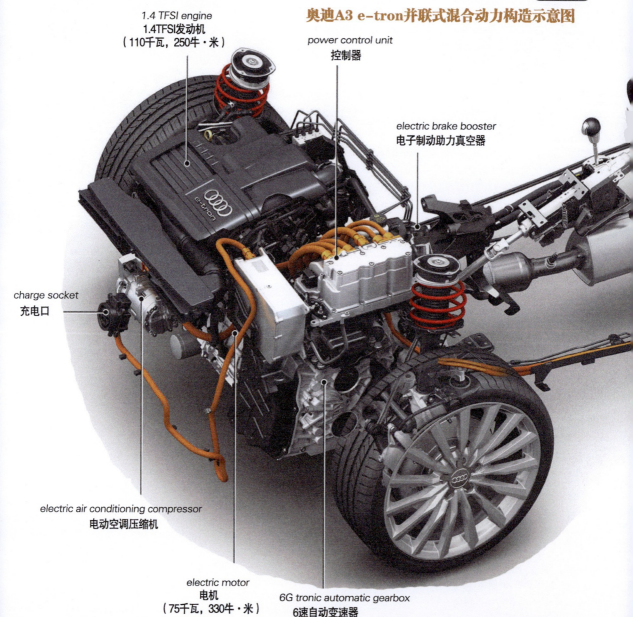

奥迪A3 e-tron插电式混合动力汽车构造图

第2章 发动机

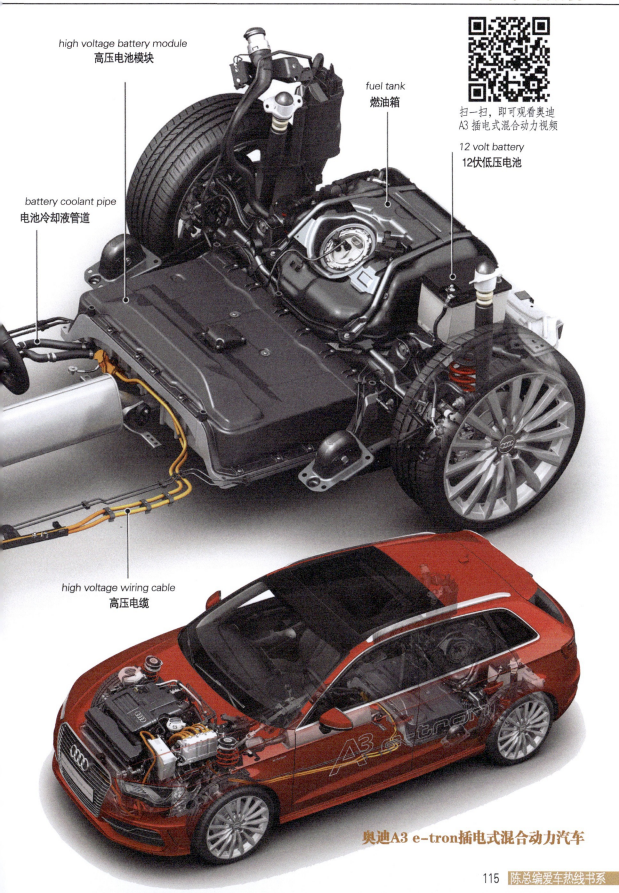

奥迪A3 e-tron插电式混合动力汽车

奥迪A3 e-tron插电式混合动力汽车动力系统

奥迪 A3 e-tron 的动力系统由 1.4TFSI 涡轮增压汽油机（最大功率为 110 千瓦，最大转矩为 250 牛·米）、一台输出功率为 80 千瓦的电机以及 6 速双离合变速器组成。电机可以单独驱动车辆，也可与汽油机协同推动车辆（二者之间通过分离离合器进行分离和接合），还可实现制动能量回收。

奥迪A3 e-tron混合动力模块构造图

奥迪A3 e-tron混合动力系统构造图

奥迪A3 e-tron插电式混合动力汽车电池构造图

奥迪 A3 e-tron 配备的锂离子电池组的容量为 8.8 千瓦时。电池箱外壳由铝材制成，内部包括 8 个模块共计 96 个单体电池。在中国，如采用工业电压充电，约 2 小时可充满，如采用家用电压充电，则约 5 小时可以充满。

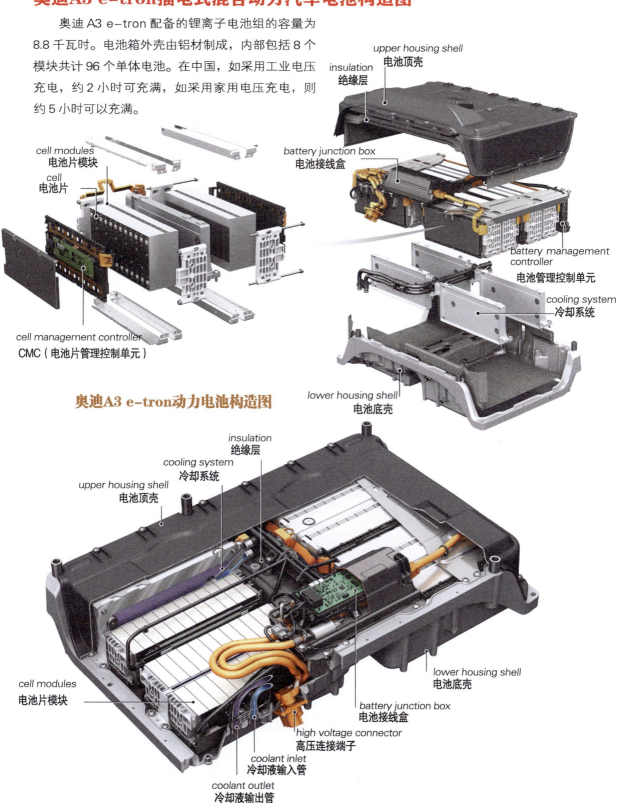

奥迪A3 e-tron动力电池构造图

奥迪A3 e-tron动力电池管理系统构造图

丰田Mirai燃料电池汽车

丰田 Mirai 是世界上真正量产销售的第一款燃料电池汽车。Mirai 上实际有两套电池：一套位于车身中部，为高分子电解质燃料电池组，是整辆车的核心部件，负责使氢气和氧气在催化剂的作用下产生电能；另一套为镍氢电池，位于行李箱下面，它可以储存燃料电池发的电，负责为车内电气设备供电以及保障低速时的纯电动运行。此外，能量回收系统也将减速和制动时回收的能量储存到镍氢电池中。由于没有真正的能源燃烧，Mirai 的氢气能量转化效率达到了 60%，比传统内燃机高一倍。在整车性能方面，燃料电池最大输出功率为 114 千瓦，功率输出密度为 3.1 千瓦/升。Mirai 还配置了一台交流同步电机，最大输出功率为 113 千瓦，峰值转矩为 335 牛·米，其转矩表现接近 2.0T 发动机。

Mirai 的续驶里程达到了 650 千米，同时完成单次氢燃料补给仅需约 3 分钟。

汽车转身成小型发电站

Mirai 允许用户通过外接馈电装置，将电能转出。Mirai 配置的电能供应系统最大可储存 60 千瓦时的电量，最大电能输出值为 9 千瓦，这样可以使 Mirai 在瞬间成为一个微型发电站。通过电源转换接口，还可以将电能转换为交流电输出，从而供照明、笔记本、手机等消费类电子产品使用。

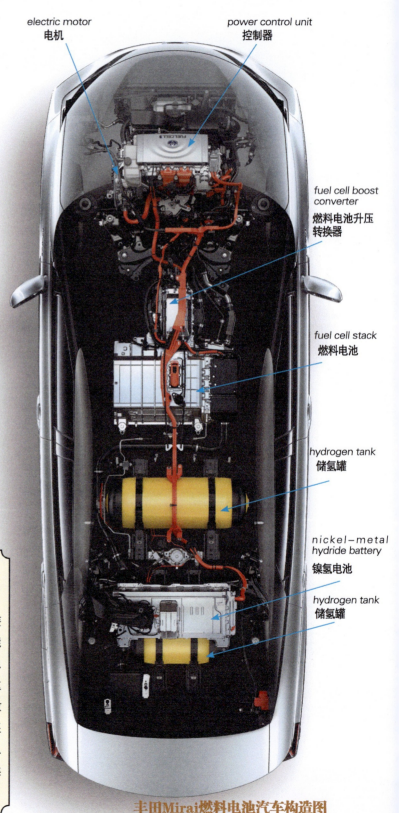

丰田Mirai燃料电池汽车构造图

第2章 发动机

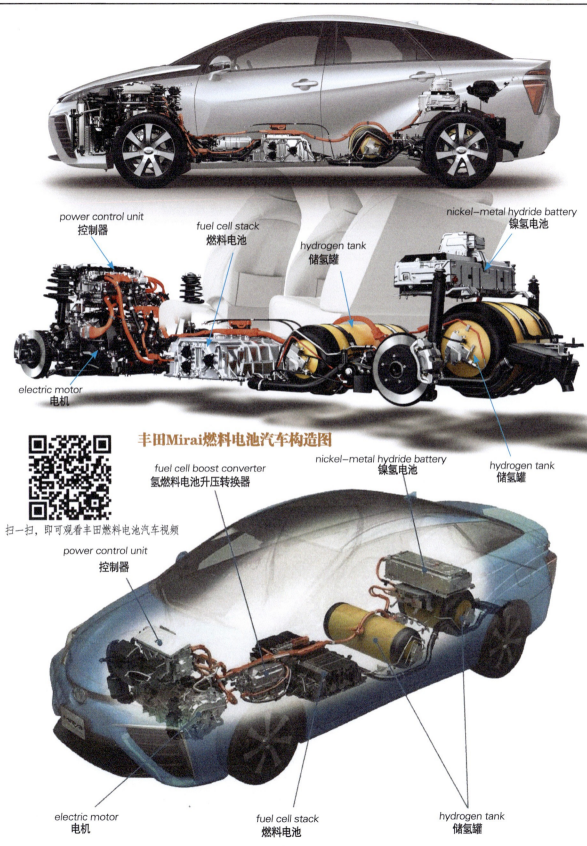

丰田Mirai燃料电池汽车构造图

扫一扫，即可观看丰田燃料电池汽车视频

丰田Mirai燃料电池汽车构造图

第3章 变速器

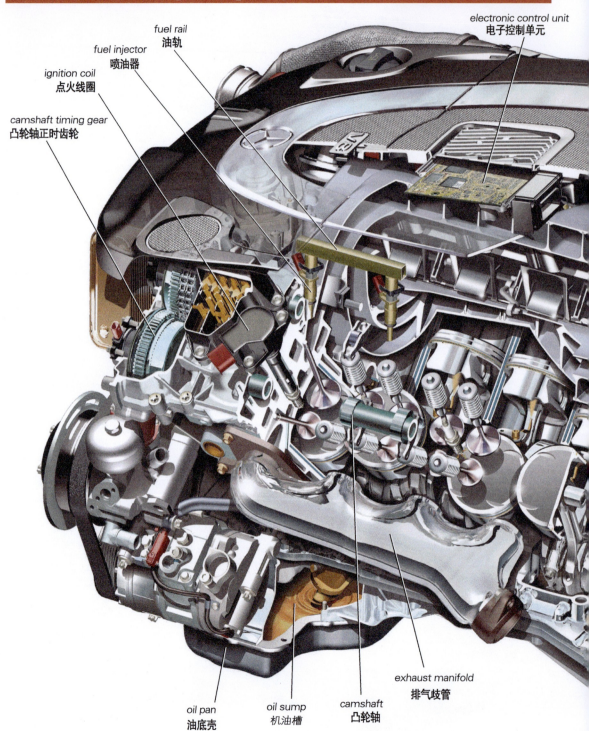

奔驰汽车V8发动机和7速自动变速器

第3章 变速器

第1节 发动机与变速器组合

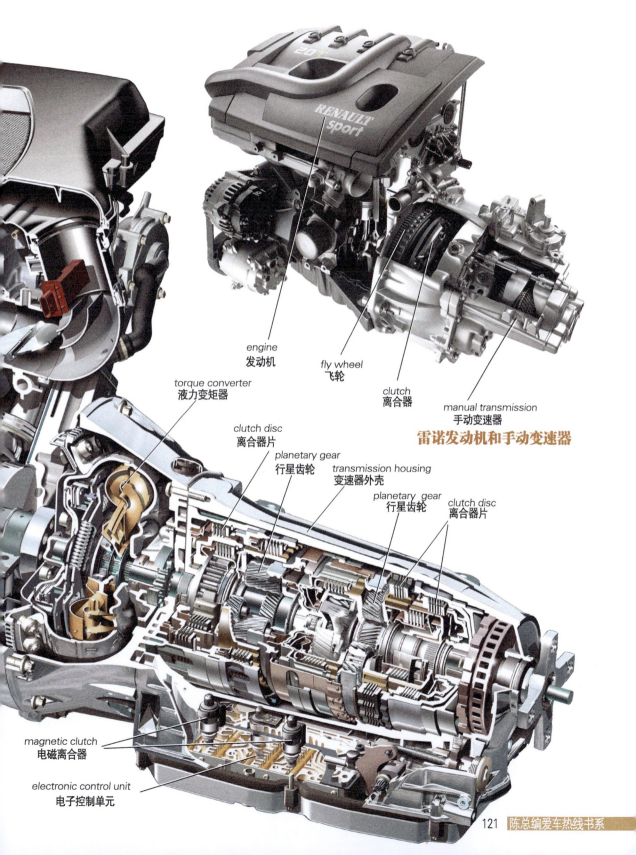

雷诺发动机和手动变速器

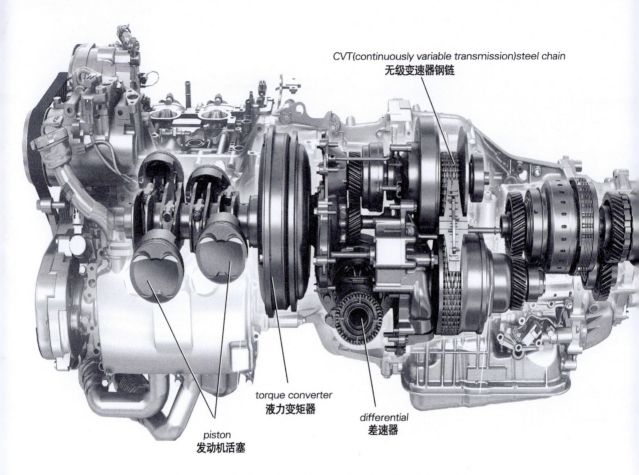

斯巴鲁4缸水平对置发动机和无级变速器动力总成

发动机与变速器组合

  虽然发动机与变速器都是汽车上非常重要的总成部件，但在制造和装配汽车时，它们往往是先被整合在一起，然后再以一个整体被装配到车身内。对于手动档汽车来说，发动机、离合器、变速器三者被紧密地整合成一体，组合成汽车的"动力总成"。

  有不少高性能跑车更喜欢将发动机与变速器分开放置，如右页图所示的雪佛兰科尔维特跑车的动力系统布局：发动机前置，变速器后置，中间通过传动轴连接。这样布局的好处主要有三个：

  1）可以增大后轴的负荷，从而增强驱动轮（后轮）的抓地力。

  2）高性能跑车的发动机的体积一般较大，可为放置大排量的发动机腾出空间。

  3）对于后驱车型来说，可以把变速器和后差速器整合在一起，使动力传递更直接。

第3章 变速器

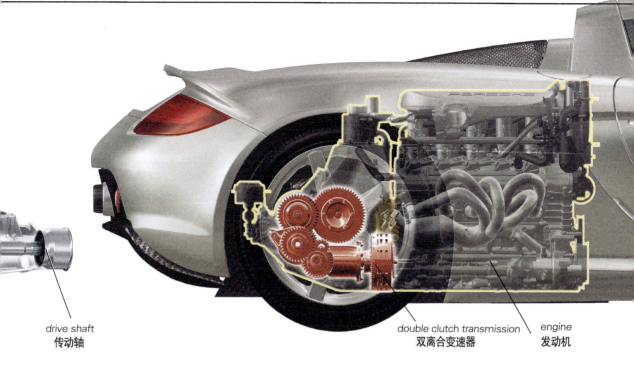

保时捷中后置发动机后轮驱动动力总成

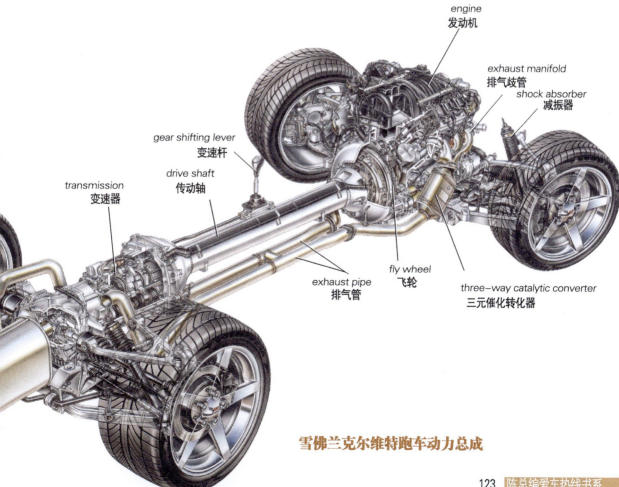

雪佛兰克尔维特跑车动力总成

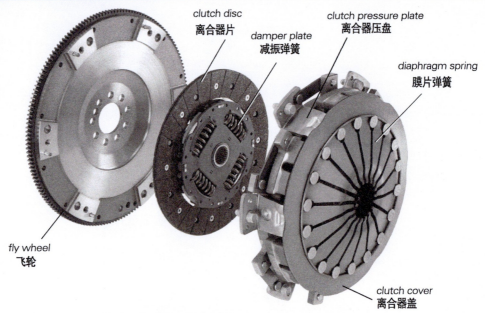

膜片弹簧离合器主要部件

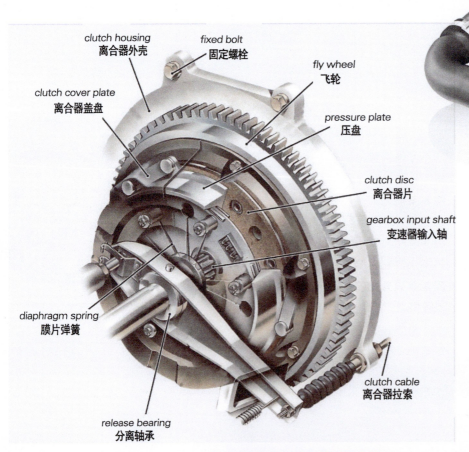

离合器构造及液压操纵系统

第3章 变速器

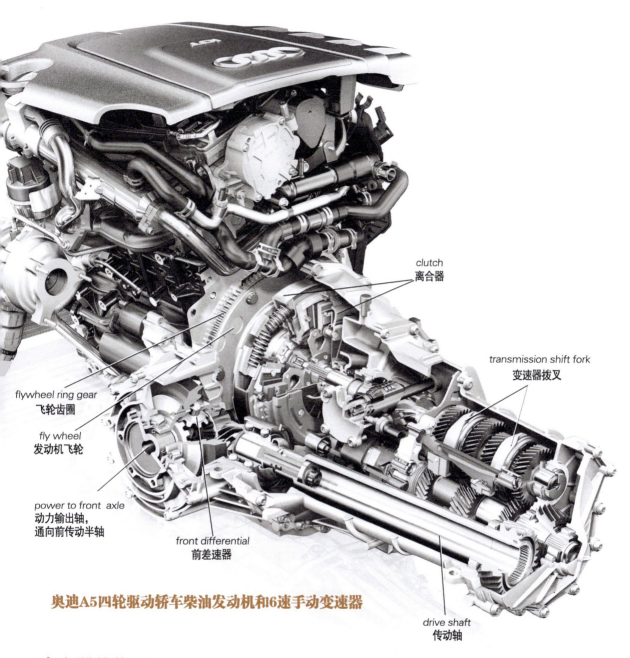

奥迪A5四轮驱动轿车柴油发动机和6速手动变速器

离合器的作用

专业教科书上总结离合器有三大作用：平稳起步、平顺换档和防止过载。其实它只有一种作用——将发动机与变速器之间的动力传递断开或连接。只不过由于变速器是以旋转齿轮相互接合传递动力的，为了让不同转速的齿轮能够平顺接合，离合器必须采用摩擦、液力方式进行接触，而不能采用刚性连接。因此，手动变速汽车上的摩擦离合器和自动变速汽车上的液力变矩器出现了。

第2节 手动变速器

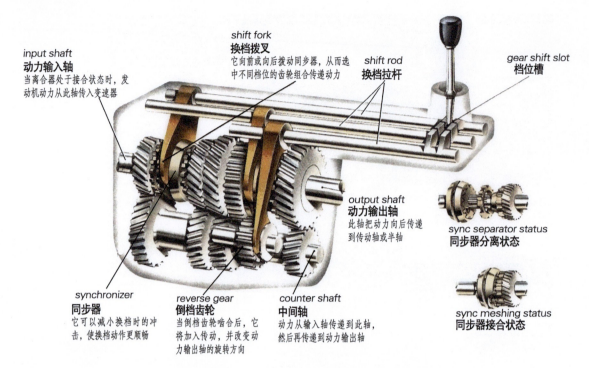

4速手动变速器构造示意图

换档过程

当离合器接合时，不管是在空档或任何档位上，变速器中每个档位的主动齿轮（红色齿轮）以及每个档位的从动齿轮（蓝色部分）始终啮合在一起并按照各自的转速不停地旋转。在空档时，各个档位的所有从动齿轮都不和输出轴连接，此时输出轴是静止不转的。

当挂上1档或其他前进档位时，实际上是将1档或其他档位的从动齿轮通过同步器（或称犬牙啮合套）和输出轴接合起来共同旋转。当变换档位时，则是换成新档位的从动齿轮和输出轴接合并共同旋转。

倒档的主动齿轮和从动齿轮之间又"夹"了一个中间轮，这样就可使输出轴的旋转方向与其他档位相反。

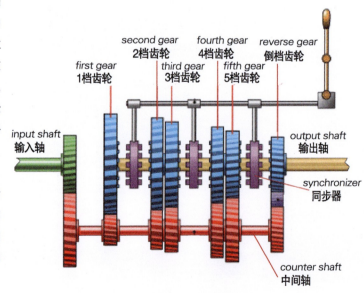

5速手动变速器原理示意图

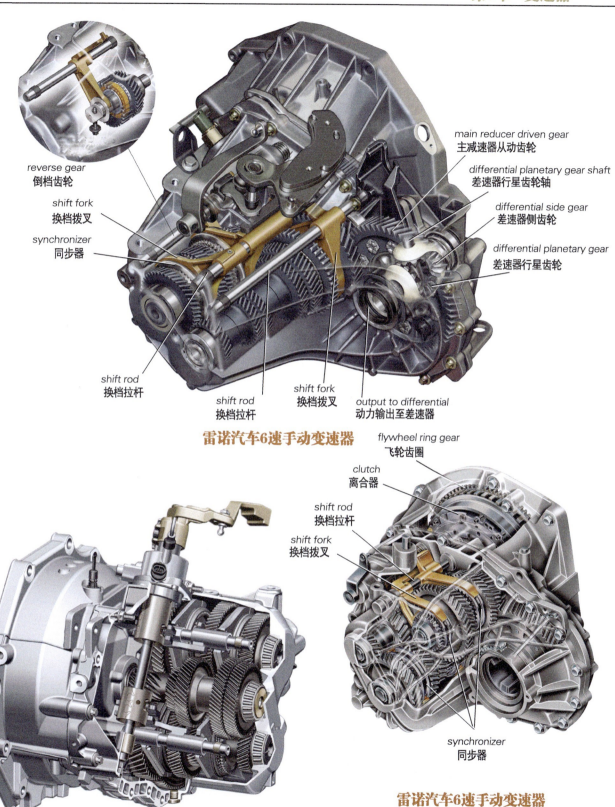

雷诺汽车6速手动变速器

通用汽车6速手动变速器

雷诺汽车6速手动变速器

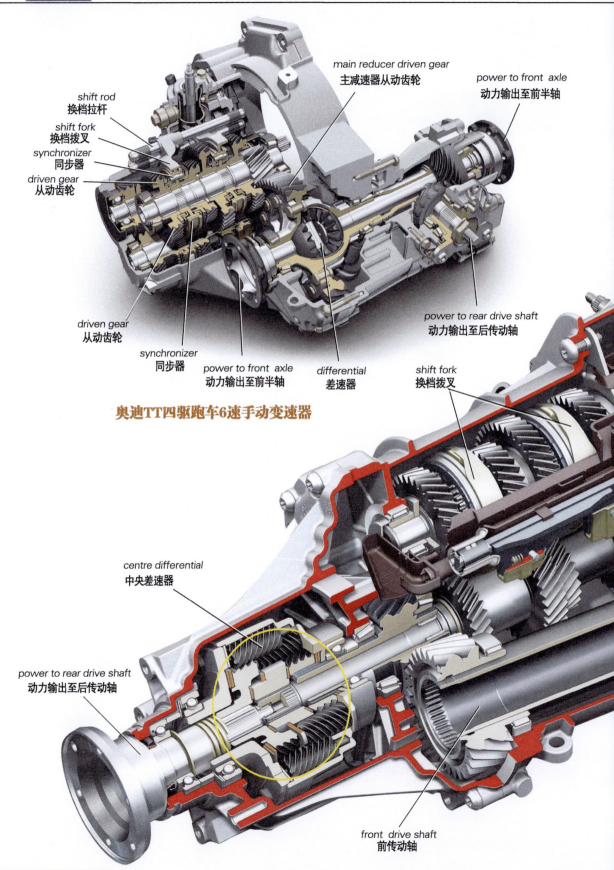

奥迪TT四驱跑车6速手动变速器

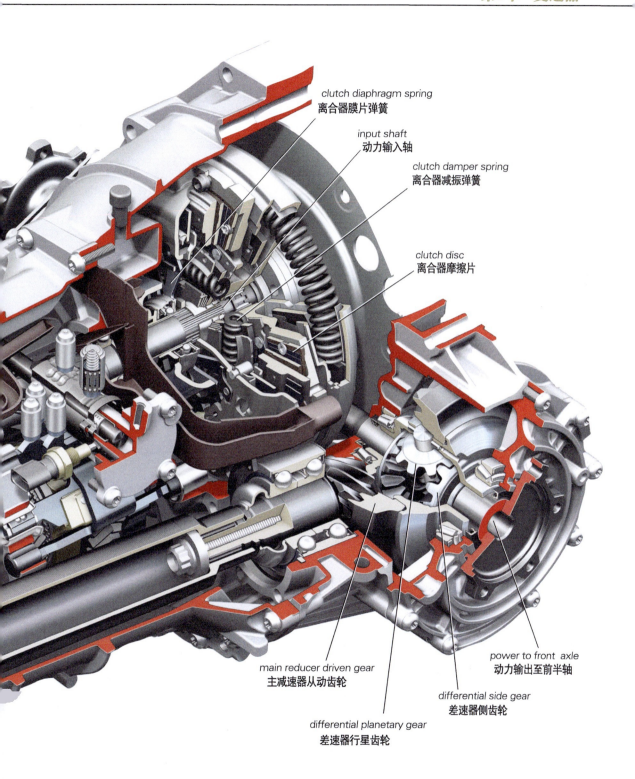

奥迪四轮驱动车型用6速手动变速器

同步器

当拨动手动档汽车的变速杆时,其实就是通过换档拨叉在拨动设置在变速齿轮之间的同步器,让同步器与新档位的变速齿轮进行啮合。同步器与输出轴是一直啮合在一起的,这样就使输出轴与新档位的齿轮进行啮合,从而达到变速的目的。

同步器实际上就一个特殊的摩擦片,只不过它的摩擦面是锥形的,而且一般使用铜质材料制作。当不同转速的金属齿进行接触时,提前进行摩擦,通过摩擦使它们之间进行能量传递,进而使双方的转速达到同步,这样即可保证顺利平稳换档。

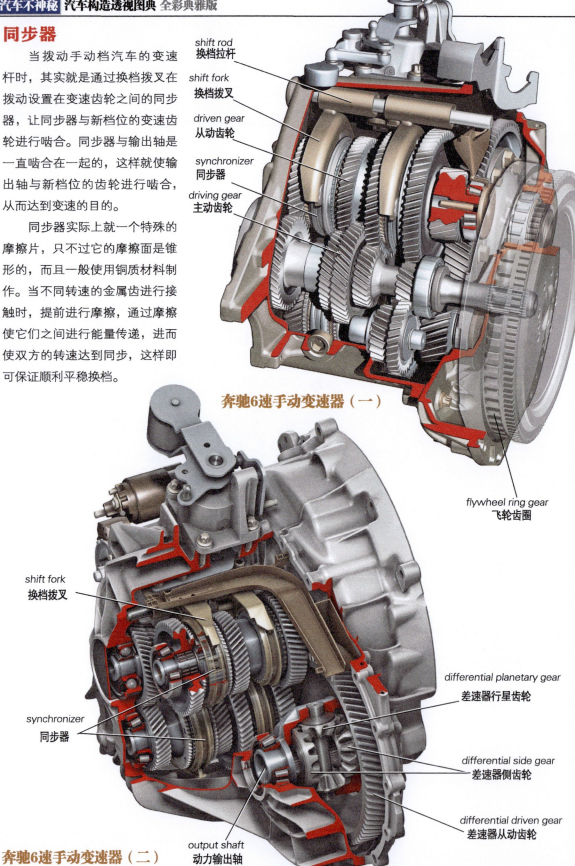

奔驰6速手动变速器(一)

奔驰6速手动变速器(二)

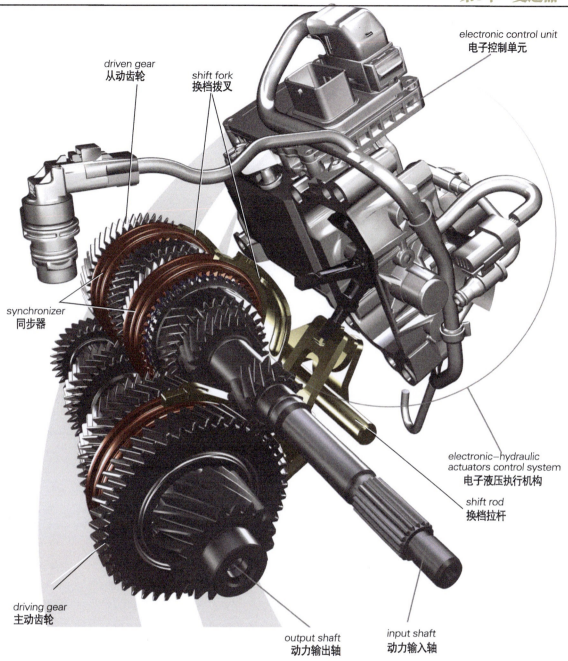

雪铁龙电控半自动变速器构造图

电控半自动变速器

电控半自动变速器是在手动变速器的基础上加装一套自动换档装置,它可以替代驾驶人进行离合器分离及更换档位的动作。它的基本变速结构和手动变速器是一样的,但利用电子控制单元收集驾驶人的操作信息和车辆运行信息后,可以指挥电子液压机构来操纵离合器和换档拨叉,从而实现"自动"换档。

这类在手动变速器的基础上改进而来的变速器又简称为AMT(Automated Manual Transmission),也称为自动离合变速器、半自动变速器等。

第3节 序列式变速器

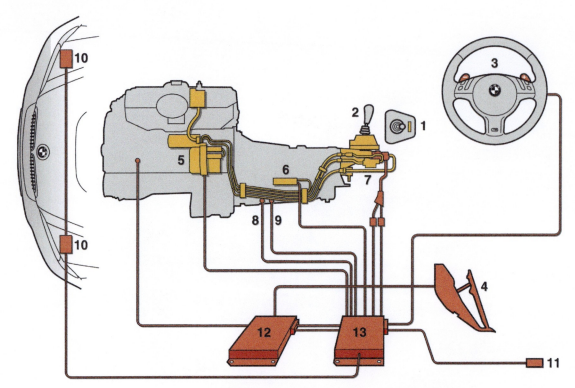

宝马序列式变速器（SMG）构造示意图

序列式变速器VS电控半自动变速器

序列式变速器简称为SMG（Sequential Manual Gearbox），原文意为"序列式手动变速器"。其实它的操作方式和我们常见的手自一体式变速器一样，也没有离合器踏板，可以自动更换档位，也可以通过推拉变速杆进行加档和减档。然而，其内部变速机构仍和手动变速器一样，通过切换不同的变速齿轮组合进行变换档位，只不过它比手动变速器多了一套自动换档机构和电子离合器。

初看起来，它与前面介绍的AMT极其相似，都是在手动变速器的基础上加装一套自动换档机构，从而实现不用踩离合器踏板就能自动换档的功能。然而，这种在赛车和高性能汽车上使用的序列式变速器具有更高的传递效率和极短的换档时间，因为它们在细节结构上存在较大差异：

1）普通汽车上的AMT变速器往往采用斜齿轮进行变速，而高性能汽车上的SMG变速器则采用直齿轮进行变速，后者的传递效率要高得多。

2）SMG变速器的换档机构中有个带若干沟槽的棘轮，换档时的+、-其实就是在转动棘轮。当棘轮转动时，卡在槽里的换档机构就会运动。因为棘轮能同时控制多组拨叉，所以可以在一组齿轮分开的同时，另一组齿轮啮合，几乎没有换档间隙，而且只能逐级增档或减档，因此称"序列式变速器"。而普通的AMT只是将手动变速器的离合器、换档拨叉的操作动作，由人工操作改为电动或液压机构自动操作。它的性能与普通手动变速器相差不多，只是更省人工罢了。

第3章 变速器

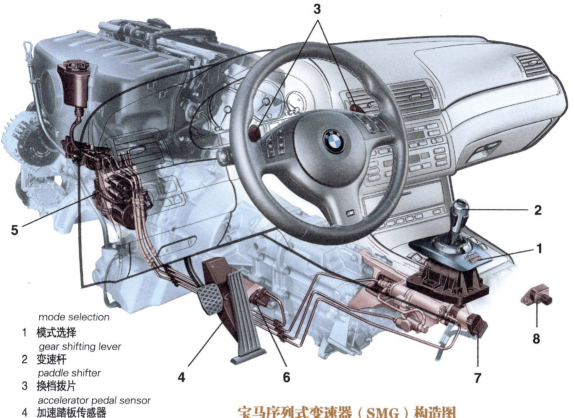

1. 模式选择 mode selection
2. 变速杆 gear shifting lever
3. 换档拨片 paddle shifter
4. 加速踏板传感器 accelerator pedal sensor
5~9. 液压控制系统 hydraulic control system
10、11. 传感器 sensor
12、13. 控制模块 control module

宝马序列式变速器（SMG）构造图

shifting actuator 换档执行机构
chutch actuator 离合器执行机构
hydraulic pump 液压泵
accumulator 蓄压器

宝马序列式变速器（SMG）

第4节 自动变速器

锁止离合器起什么作用？

当液力变矩器传递动力时，由于它采用液压油作为传递介质，不是刚性传递，其间大约有10%的能量损失，这对节能降耗很不利，也会影响操控性。为了解决这个问题，在液力变矩器和飞轮之间设置了一个单向锁止离合器。当车速较高时，用电控的方式起动此离合器，将液力变矩器的输入轴和输出轴锁止在一起，实现刚性直接传递动力。也就是从发动机曲轴输出的动力，不需经过液力变矩器而直接传递到变速机构，从而提高传动效率。

随着技术的进步，一些自动变速器可以实现更大范围的锁止传动，甚至实现全档位的锁止传动。

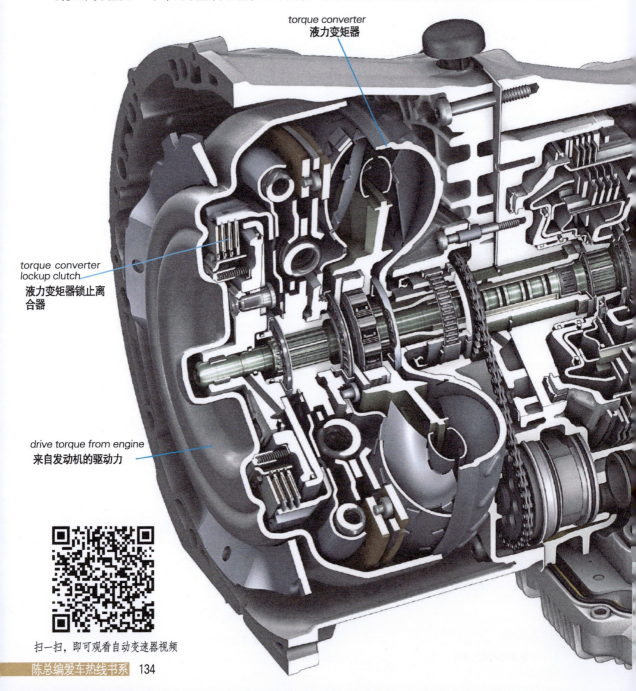

torque converter
液力变矩器

torque converter lockup clutch
液力变矩器锁止离合器

drive torque from engine
来自发动机的驱动力

扫一扫，即可观看自动变速器视频

自动变速器最多档位数是多少？

自从自动变速器被发明以来，它的前进档位数一直在增长，从最初发明时的3速，已增加到现在最多的9速，如奔驰、路虎和吉普等就有采用9速自动变速器的车型。现在8速自动变速器主要配备在宝马、奥迪等车型上，而7速自动变速器仅在奔驰老款车型上还有使用。现在市场上主流的还是6速自动变速器，使用5速自动变速器的越来越少，而使用4速自动变速器就非常落后了。

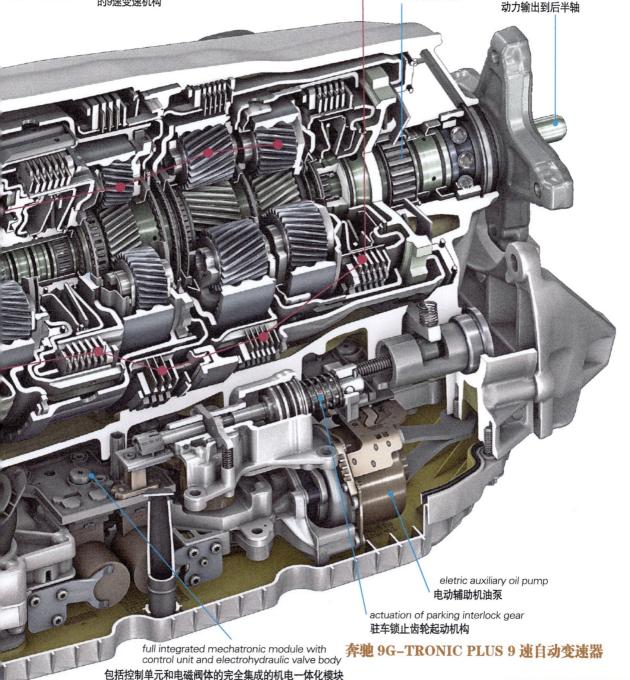

奔驰 9G-TRONIC PLUS 9速自动变速器

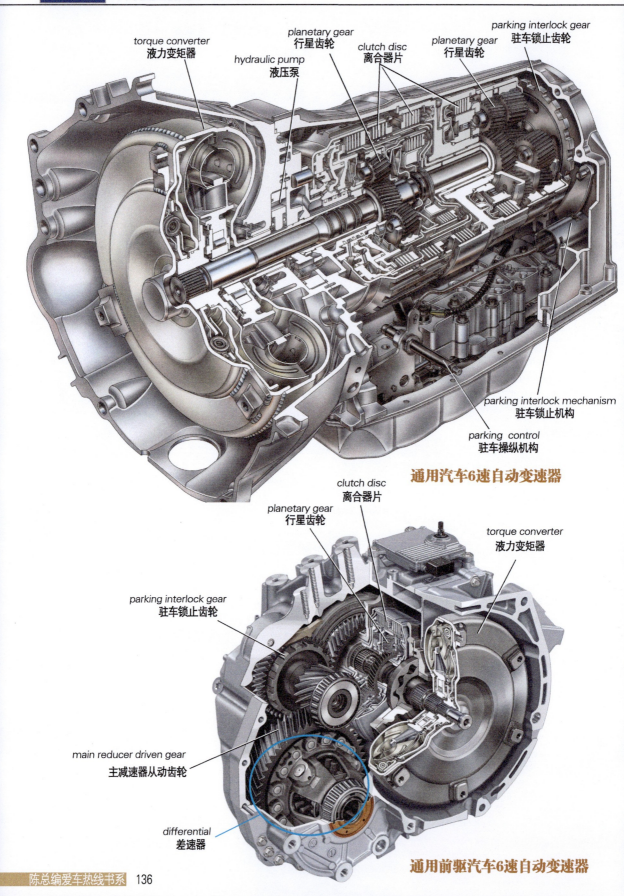

第3章 变速器

自动变速器换档原理

自动变速器中有许多离合器片，几乎每个档位都有一组离合器片。这些离合器片受控制机构的驱动进行分离和接合，从而实现变速。

自动变速器中的控制机构基本都是液压式的，其中设计了许多阀门，当油压升高后会自动顶开一些阀门，然后这些油压就会驱动某些离合器片动作。设计师将车速、发动机转速、节气门开度等信息作为控制油压升高或降低的输入信号。当这些信号变化时，控制机构便会切换离合器片组合的工作状态，达到切换档位的目的。

现在不少自动变速器采用电磁离合器代替复杂的液压阀，可以利用车速、发动机转速、节气门开度等信息来直接控制多片离合器动作，从而实现自动变速的目的。

奥迪汽车6速自动变速器

奥迪汽车6速自动变速器构造示意图

液力变矩器

液力变矩器主要由三个"轮"组成：泵轮、导轮和涡轮。三个轮之间充满了液压油。泵轮与发动机曲轴相连，当发动机旋转时，泵轮便会跟着旋转，并搅动液压油，将其"甩向"与后面变速机构相连的涡轮，使涡轮旋转，从而将动力传向后面的变速机构，最终传递到车轮。固定不动的导轮的作用则是增大传递转矩。

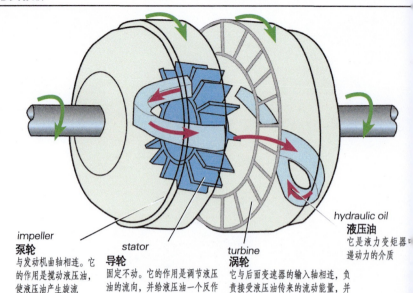

impeller 泵轮
与发动机曲轴相连。它的作用是搅动液压油，使液压油产生旋流

stator 导轮
固定不动。它的作用是调节液压油的流向，并给液压油一个反作用力，进一步推动涡轮旋转

turbine 涡轮
它与后面变速器的输入轴相连，负责接受液压油传来的流动能量，并向后面的变速机构传递

hydraulic oil 液压油
它是液力变矩器传递动力的介质

液力变矩器构造示意图

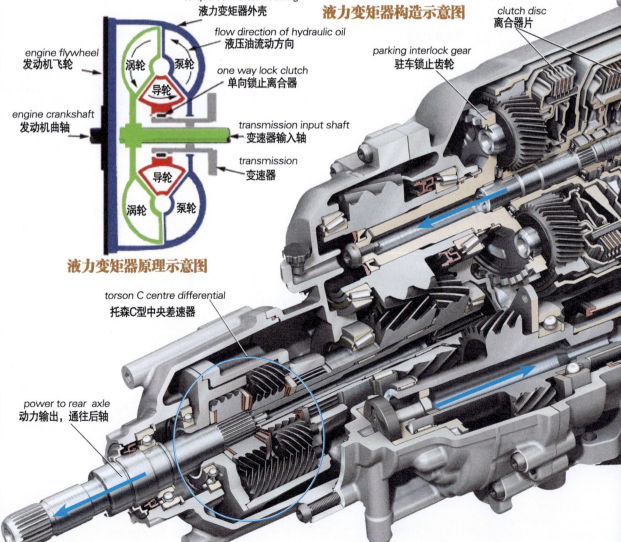

液力变矩器原理示意图

第3章 变速器

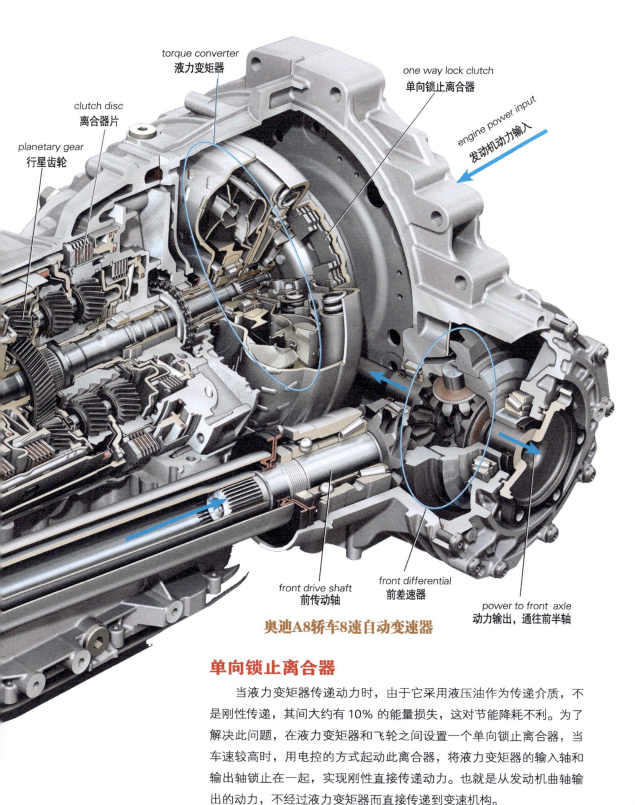

奥迪A8轿车8速自动变速器

单向锁止离合器

当液力变矩器传递动力时,由于它采用液压油作为传递介质,不是刚性传递,其间大约有10%的能量损失,这对节能降耗不利。为了解决此问题,在液力变矩器和飞轮之间设置一个单向锁止离合器,当车速较高时,用电控的方式起动此离合器,将液力变矩器的输入轴和输出轴锁止在一起,实现刚性直接传递动力。也就是从发动机曲轴输出的动力,不经过液力变矩器而直接传递到变速机构。

第5节 双离合变速器

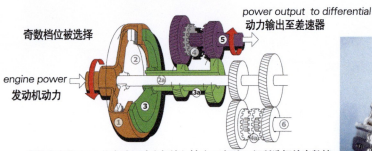

奇数离合器（3）将发动机动力与输入轴（3a）相连，经所选择的奇数档位齿轮变速后，再通过输出轴（5）将动力传递到车轮。

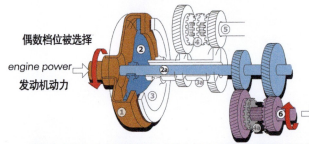

偶数离合器（2）将发动机动力与输入轴（2a）相连，经所选择的偶数档位齿轮变速后，再通过输出轴（6）将动力传递到车轮。

雷诺汽车双离合变速器

大众汽车双离合变速器的离合器

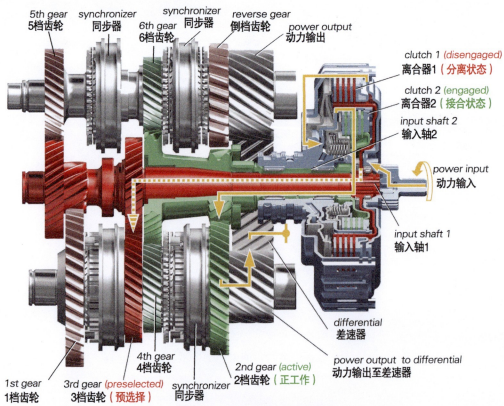

大众汽车6速双离合变速器

第3章 变速器

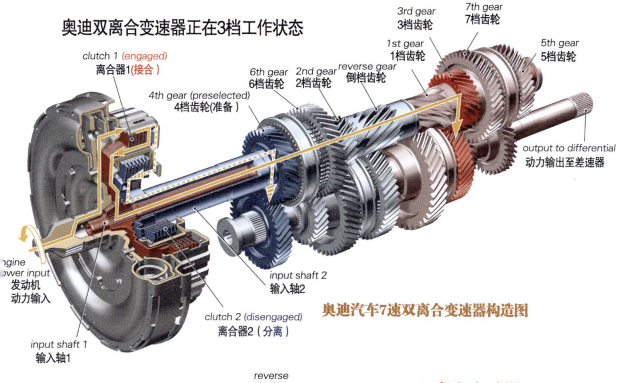

奥迪汽车7速双离合变速器构造图

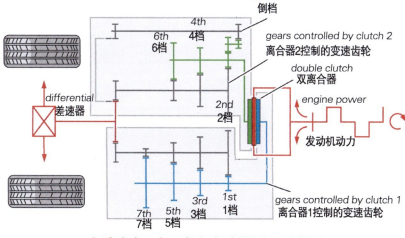

奥迪汽车7速双离合变速器原理示意图

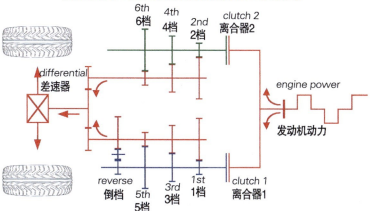

大众汽车6速双离合变速器原理示意图

双离合变速器

双离合变速器从手动变速器进化而来，它的变速结构和原理与手动变速器一样，只不过它比手动变速器多了一个离合器，因此称为双离合变速器。这两个离合器就像是两个驾驶人，一正一副，分别控制单数和双数档位（如左图示）。当正驾驶人用某个档位行驶时，副驾驶人控制另一个离合器，准备好换入新的档位。一旦要换档，即刻就可以换入新档位，而不需要再踩离合、摘档、挂档等动作。可以说，在换档时不是像普通手动变速器那样切换变速齿轮组合（这个工作已提前准备好），而只是切换离合器，因此换档速度较快。双离合变速器的最大优势是换档速度快，减少了燃油消耗。

7速双离合变速器

双离合变速器中有两个离合器,离合器1控制1、3、5、7速位的变速齿轮,离合器2控制2、4、6档和倒档的变速齿轮。当挂上1档起步时,同时也预先挂上2档但并没有让离合器2接合;当车速提高准备换档时,电控机构自动切换到离合器2,也就让离合器2接合、离合器1分离,2档开始工作。这样通过切换离合器的换档方式省略了档位空置的一刹那,使得动力传递连续,有点儿像接力赛。在2档工作的同时,由离合器1所控制的3档齿轮组也完成啮合,等待换档指令。

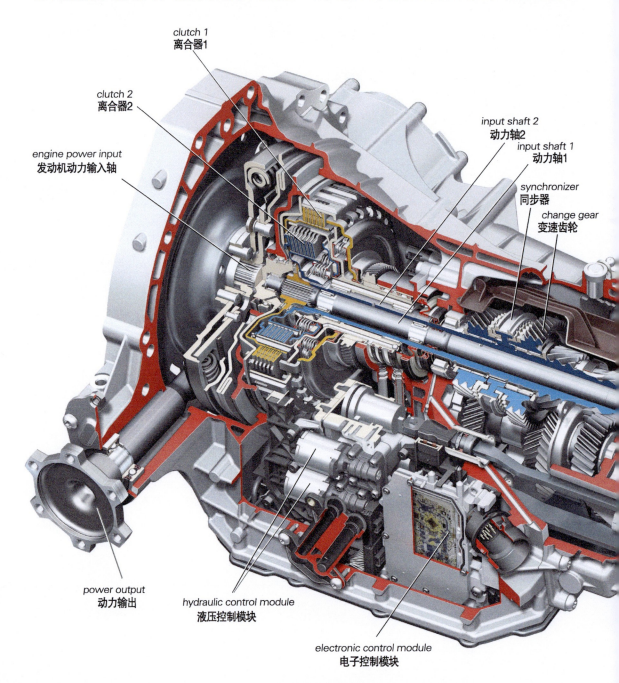

奥迪Q5车型7速双离合变速器

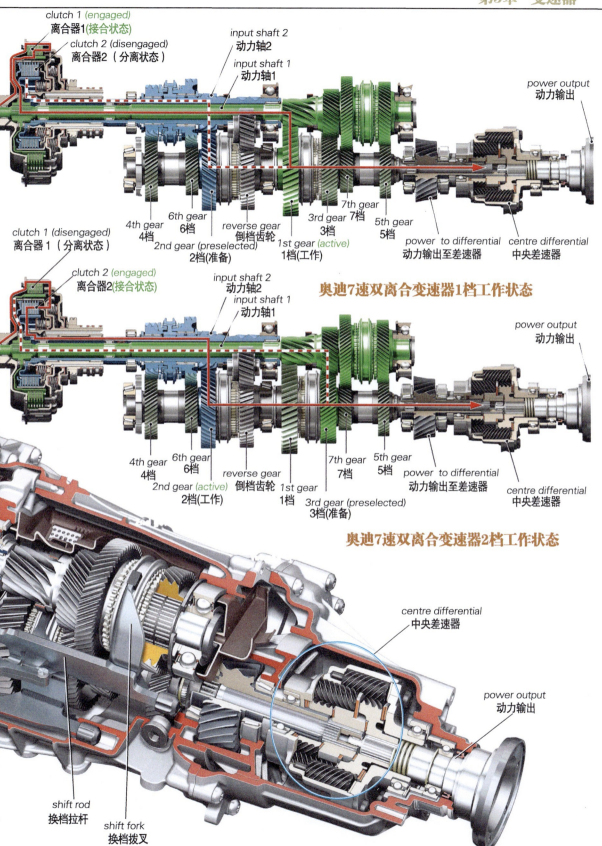

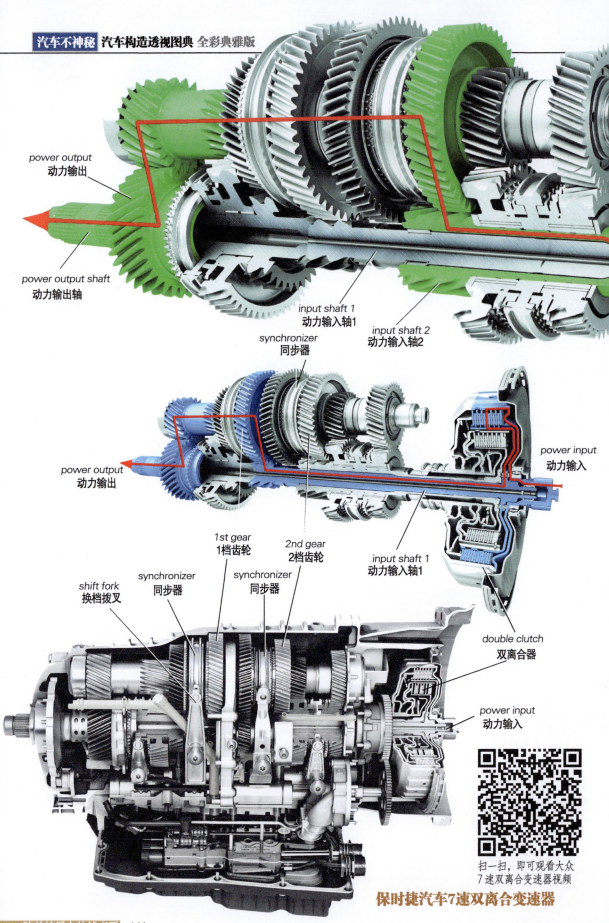

保时捷汽车7速双离合变速器

第3章 变速器

双离合变速器性能特点

1）操作方便。它可以像手自一体变速器一样操作，不用踩离合器踏板，可以实现自动变速。

2）油耗较低。因为仍然采用齿轮传递动力，所以动力传递效率比自动变速器的液力变矩器高，不仅没有换档迟滞现象，而且油耗比较低。

3）换档时间短。它有两个离合器协同作战，因此它的换档动作非常快，这也是当初发明双离合变速器的主要原因。

4）制造成本较高。

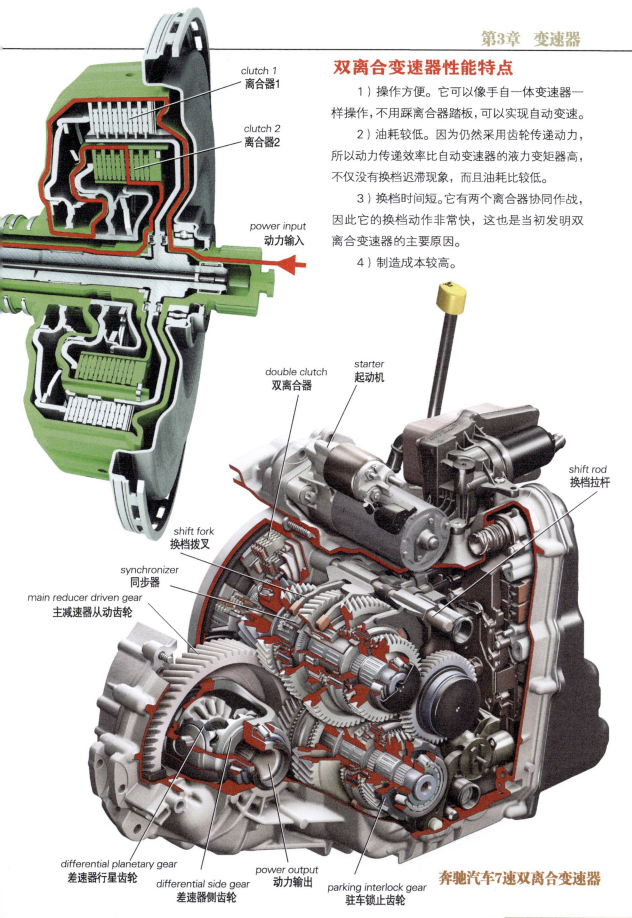

奔驰汽车7速双离合变速器

第6节 无级变速器

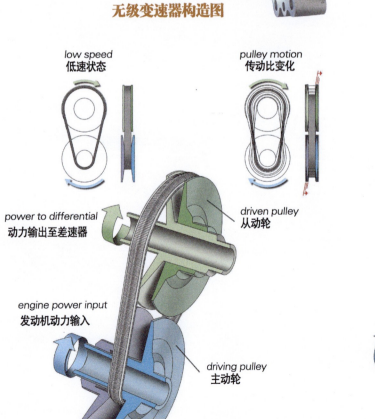

Variable ratio pulley
变速工作轮

metal belt
钢带

无级变速器构造图

扫一扫,即可观看博世 CVT 无级变速器视频

low speed
低速状态

pulley motion
传动比变化

high speed
高速状态

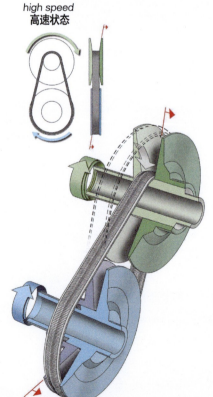

power to differential
动力输出至差速器

driven pulley
从动轮

engine power input
发动机动力输入

driving pulley
主动轮

无级变速器工作原理示意图

第3章 变速器

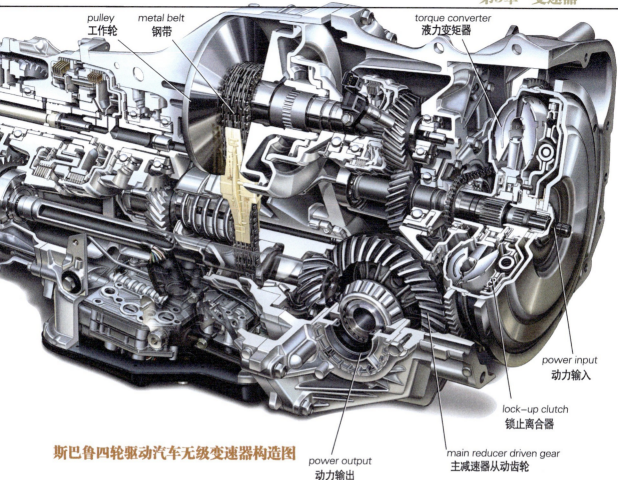

斯巴鲁四轮驱动汽车无级变速器构造图

无级变速器

无级变速器（CVT）不是通过齿轮组合变速，而是利用一对可以改变直径的工作轮组合来实现变速的。

工作轮组合中的主动轮相当于手动变速器中的主动齿轮；从动轮相当于手动变速器中的从动齿轮。

手动变速器要想改变传动比，只能更换不同档位的齿轮组合，而无级变速器中的工作轮直径是可以变化的，无需更换其他工作轮组。当主动轮的

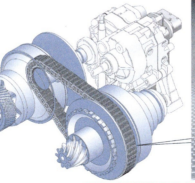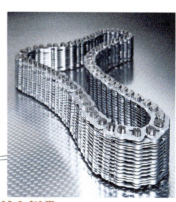

无级变速器工作轮和钢带

直径变大同时从动轮的直径变小时，或将主动轮直径变小而将从动轮直径变大时，传动比就会随之改变。

每个工作轮都是由两个锥形盘对扣组成的，传动钢带的边缘是个斜坡，正好和工作轮的锥面磨合在一起。当工作轮的两个锥形盘之间的距离变化时，钢带就会沿锥面上下移动，这就相当于改变了工作轮的直径。

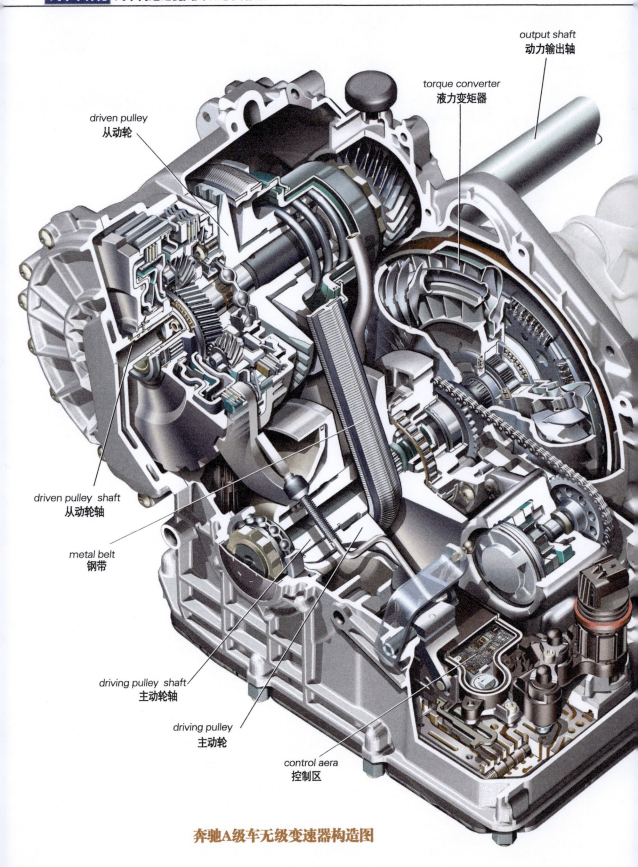

奔驰A级车无级变速器构造图

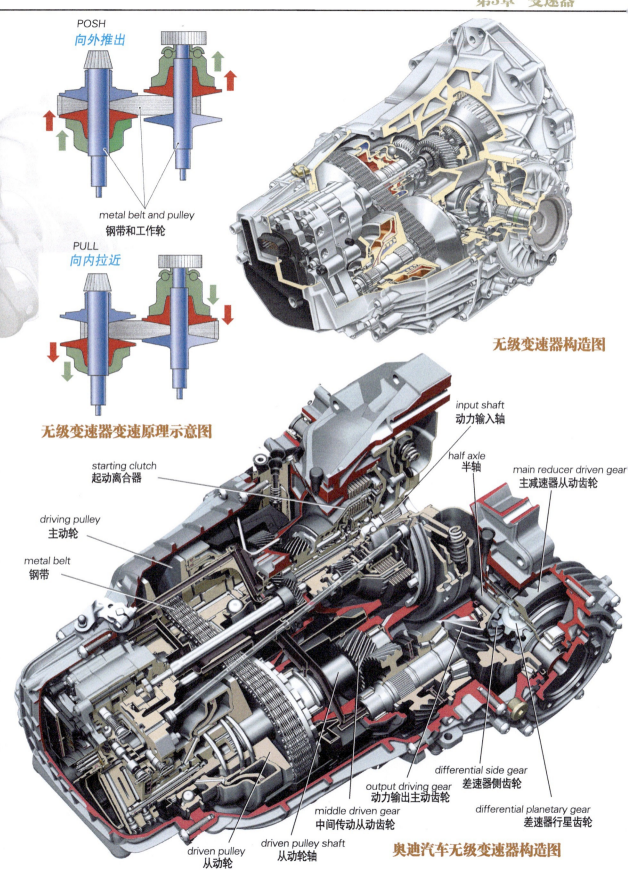

第4章 传动系统

第1节 动力传递系统

标致407轿车构造透视图

标致407轿车前置发动机前轮驱动系统

engine bracket 发动机托架　　transmission 变速器　　half axle 半轴

第4章 传动系统

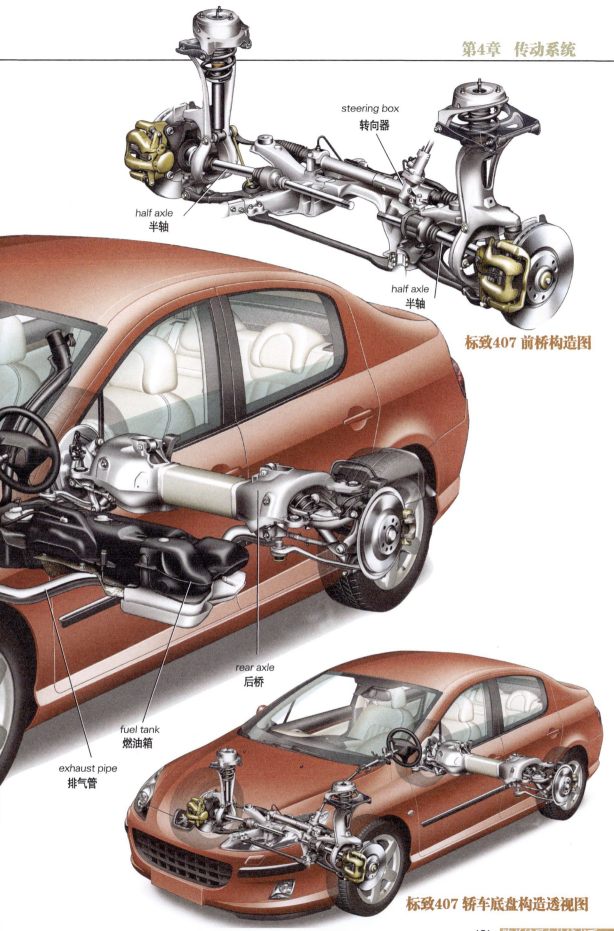

标致407 前桥构造图

标致407 轿车底盘构造透视图

奔驰SLR跑车前中置发动机后轮驱动系统

奔驰SLR跑车构造透视图

第4章 传动系统

anti roll cage
防滚架
当车辆翻滚时,防滚架可以保护驾乘人员的头部不被伤害

spoiler
扰流板
稍微上翘的扰流板,可以提升尾部的下压力,使车辆在高速行驶时更加稳定

automatic soft top
自动软篷
驾乘人员通过操作钮即可将软质顶篷自动打开或关闭

engine 发动机 | transmission 变速器 | drive shaft 传动轴 | rear differential 后差速器

half axle 半轴

奔驰SLR跑车前中置发动机后轮驱动系统

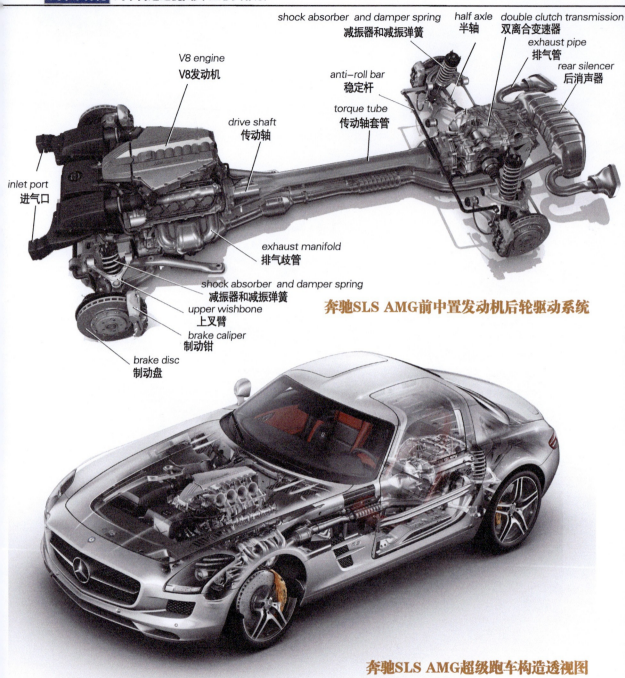

奔驰SLS AMG前中置发动机后轮驱动系统

奔驰SLS AMG超级跑车构造透视图

前中置发动机后轮驱动形式

把发动机放置在前轴后方，并采用后轮驱动，即为前中置后轮驱动形式。奔驰SLR、SLS AMG两款超级跑车都采用这种驱动形式。这种形式最大的优点是重心比较靠近车辆中心位置，可以使前轴和后轴的载荷分配更接近50∶50，从而保证汽车拥有较佳的操控性。

前中置后驱形式在普通轿车上较少采用，因为它的发动机离驾驶人及前排乘员非常近，对隔声、隔热要求较高，而且往往无法布置后排空间，行李箱空间也比较狭窄。然而，我们常见的"小面"却巧妙地也采用前中置发动机后轮驱动方式，并且拥有非常宽敞的乘坐空间和装载空间，不能不说，当初"小面"的传动系统的设计者非常了得。

第4章 传动系统

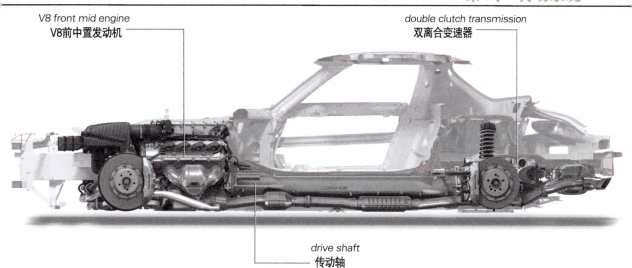

奔驰SLS AMG前中置发动机后轮驱动系统构造透视图

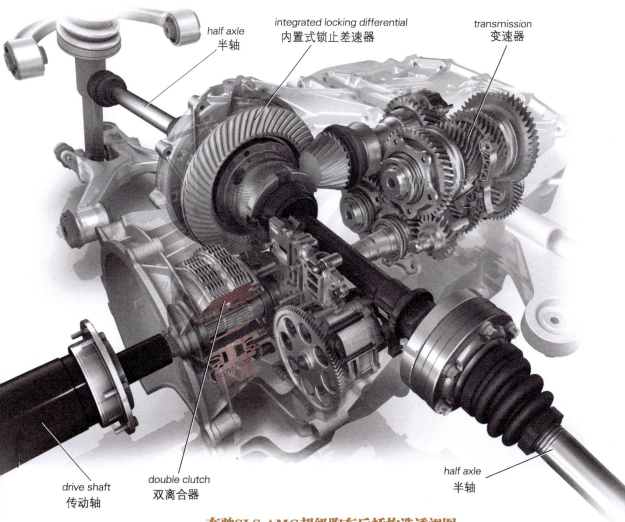

奔驰SLS AMG超级跑车后桥构造透视图

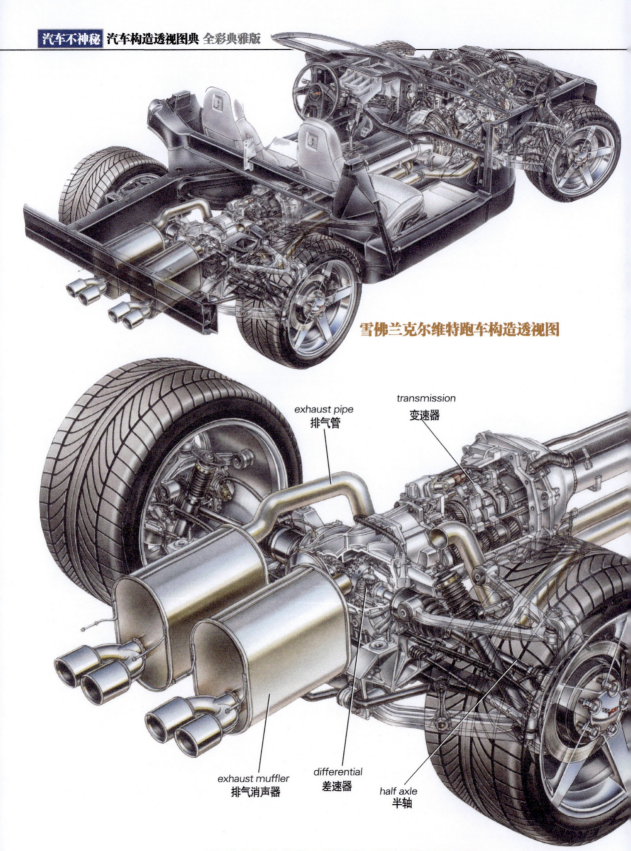

雪佛兰克尔维特跑车构造透视图

雪佛兰克尔维特跑车前置发动机后轮驱动系统

第4章 传动系统

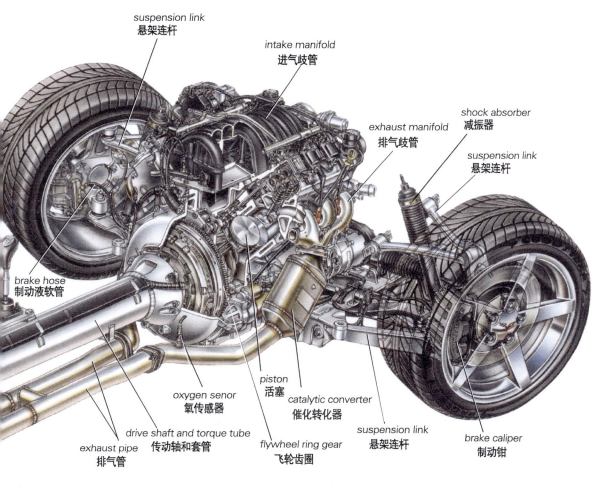

- suspension link 悬架连杆
- intake manifold 进气歧管
- exhaust manifold 排气歧管
- shock absorber 减振器
- suspension link 悬架连杆
- brake hose 制动液软管
- oxygen senor 氧传感器
- piston 活塞
- catalytic converter 催化转化器
- suspension link 悬架连杆
- brake caliper 制动钳
- exhaust pipe 排气管
- drive shaft and torque tube 传动轴和套管
- flywheel ring gear 飞轮齿圈

雪佛兰克尔维特跑车构造透视图

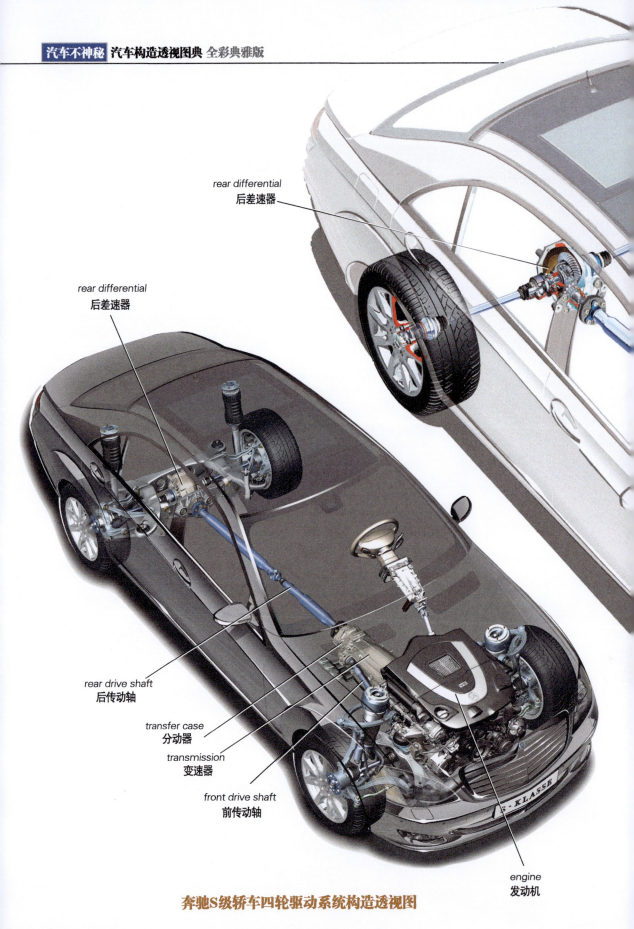

奔驰S级轿车四轮驱动系统构造透视图

为什么一些轿车也采用四轮驱动？

轿车采用四轮驱动主要出于以下三大原因：

1）提高汽车的操控性能。四轮驱动的车辆的驱动力可以分配到四个车轮上，因此它不容易出现车轮打滑现象，从而可以提高车辆的操控极限。

2）提高汽车的安全性能。在雨雪天通过湿滑路段时，由于分配到每个车轮上的驱动力相对较小，当路面附着系数较小时，保证车轮不容易打滑，从而可以使车辆安全通过湿滑路面。

3）彰显轿车的高级品质。普通的轿车都是两轮驱动，那么采用四轮驱动的轿车不仅性能更加卓越，而且显得比一般车辆更高级、更尊贵。

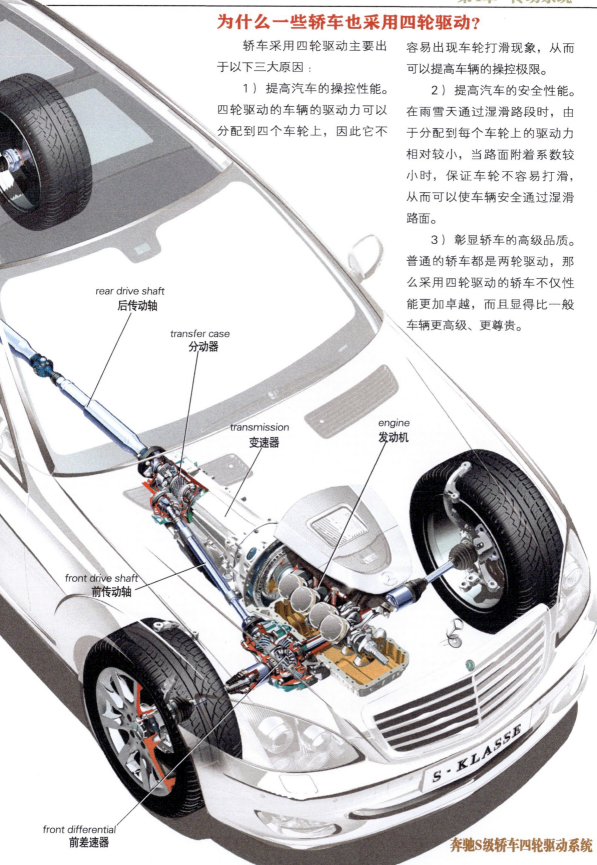

奔驰S级轿车四轮驱动系统

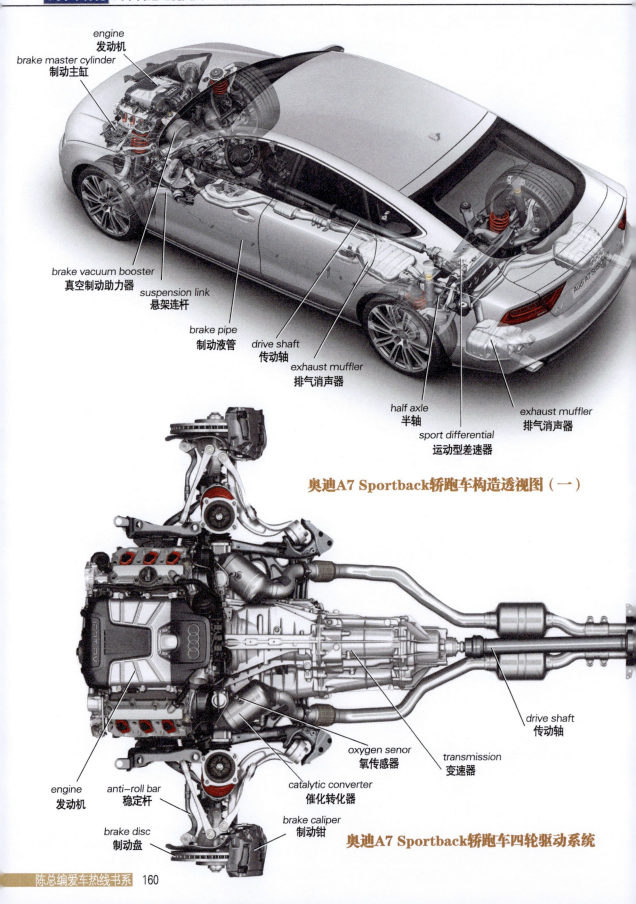

奥迪A7 Sportback轿跑车构造透视图（一）

奥迪A7 Sportback轿跑车四轮驱动系统

Audi A7 Sportback

第4章 传动系统

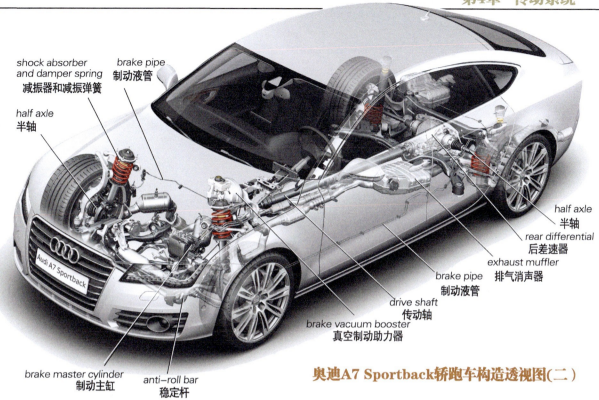

奥迪A7 Sportback轿跑车构造透视图(二)

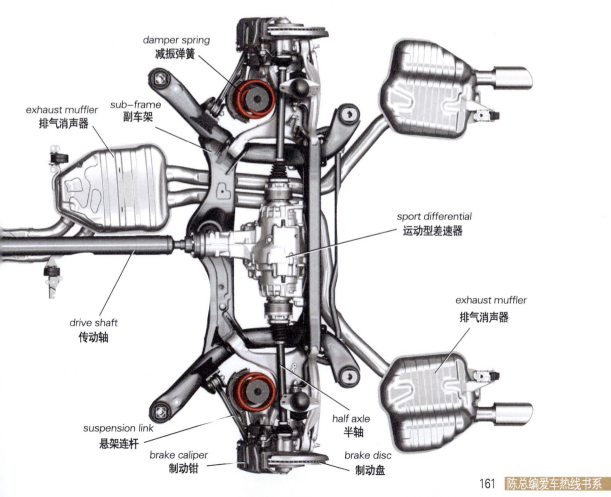

宝马X5车型四轮驱动系统

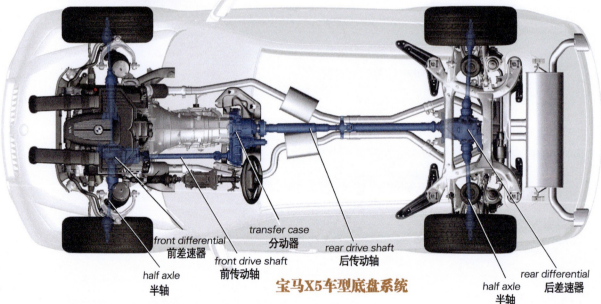

宝马X5车型底盘系统

分时四驱、全时四驱和适时四驱

只能通过驾驶人手动操作才能实现两轮驱动和四轮驱动方式转换的车辆，称为分时四轮驱动汽车。如吉普牧马人、长城哈弗等越野特点比较明显的车型，多采用分时四驱方式。

汽车的四个车轮在平常行驶时一直为驱动轮，即使分配到前轮和后轮上的驱动力有所不同，我们也把这种汽车称为全时四轮驱动汽车。如奥迪 Quattro、大众 4Motion、奔驰 4MATIC、讴歌 SH-AWD 等四驱系统，都属于全时四驱系统。

如果汽车平常行驶时为两轮驱动（两个前轮或两个后轮），但当这两个驱动轮出现打滑时，另外两个车轮就会自动变为驱动轮，四个车轮都成为驱动轮，那么，装配这种四驱系统的车辆就称为适时四轮驱动汽车。如本田 CR-V、丰田 RAV4 等轻型 SUV 车型，通常采用适时四驱方式。

第4章 传动系统

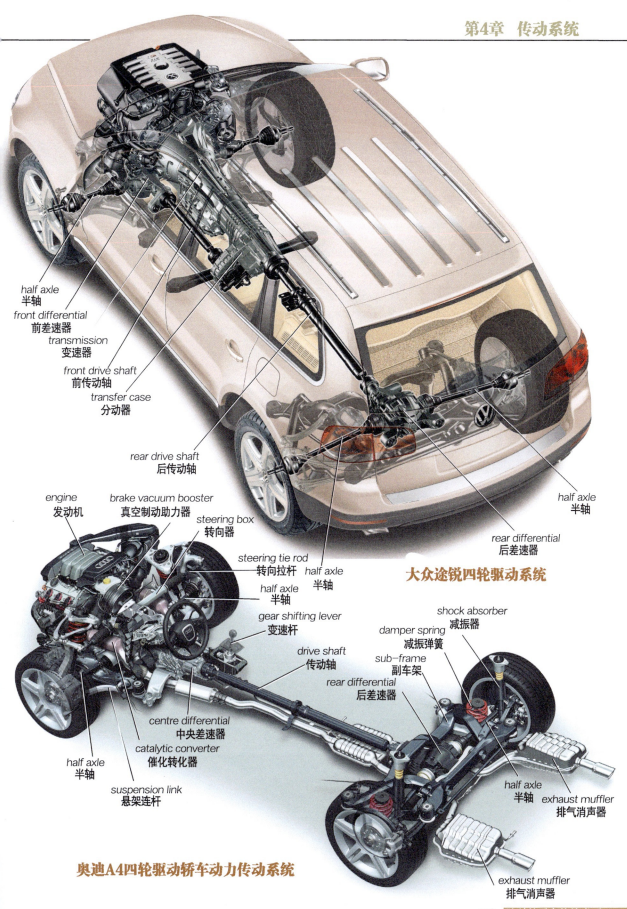

大众途锐四轮驱动系统

奥迪A4四轮驱动轿车动力传动系统

第2节 差速器和分动器

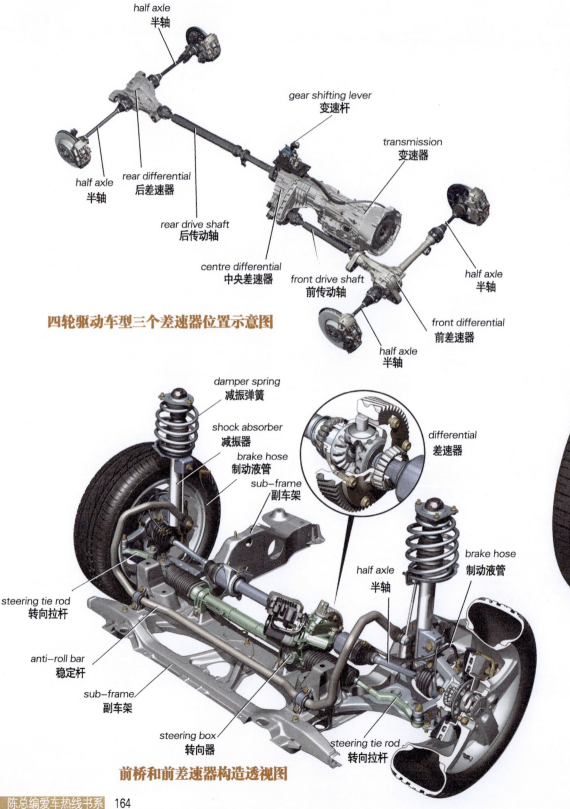

四轮驱动车型三个差速器位置示意图

前桥和前差速器构造透视图

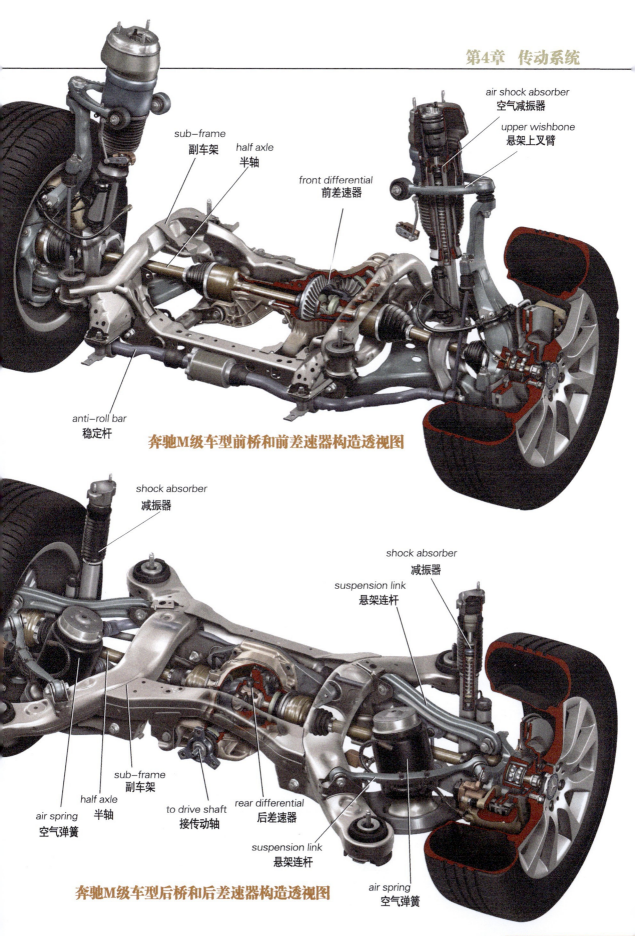

奔驰M级车型前桥和前差速器构造透视图

奔驰M级车型后桥和后差速器构造透视图

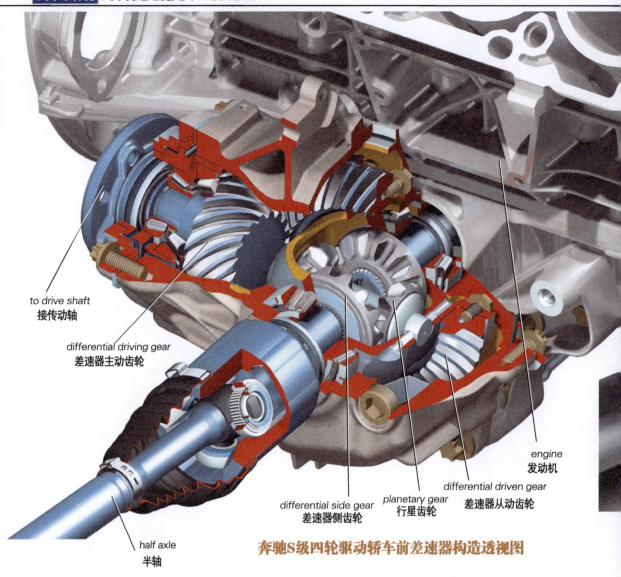

奔驰S级四轮驱动轿车前差速器构造透视图

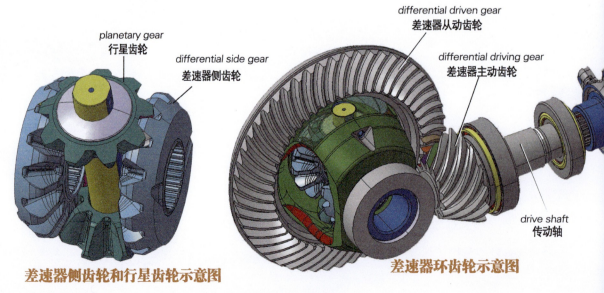

差速器侧齿轮和行星齿轮示意图　　差速器环齿轮示意图

第4章 传动系统

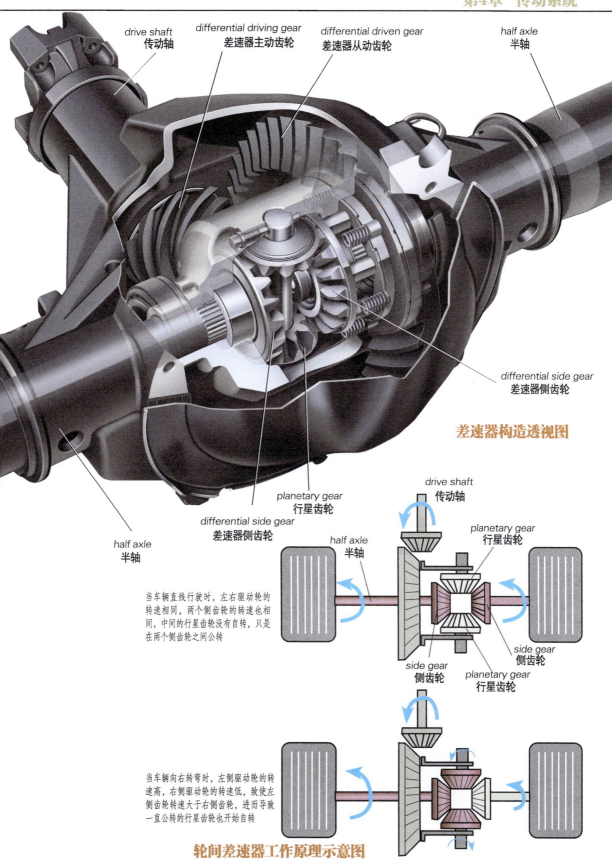

差速器构造透视图

当车辆直线行驶时,左右驱动轮的转速相同,两个侧齿轮的转速也相同,中间的行星齿轮没有自转,只是在两个侧齿轮之间公转

当车辆向右转弯时,左侧驱动轮的转速高,右侧驱动轮的转速低,致使左侧齿轮转速大于右侧齿轮,进而导致一直公转的行星齿轮也开始自转

轮间差速器工作原理示意图

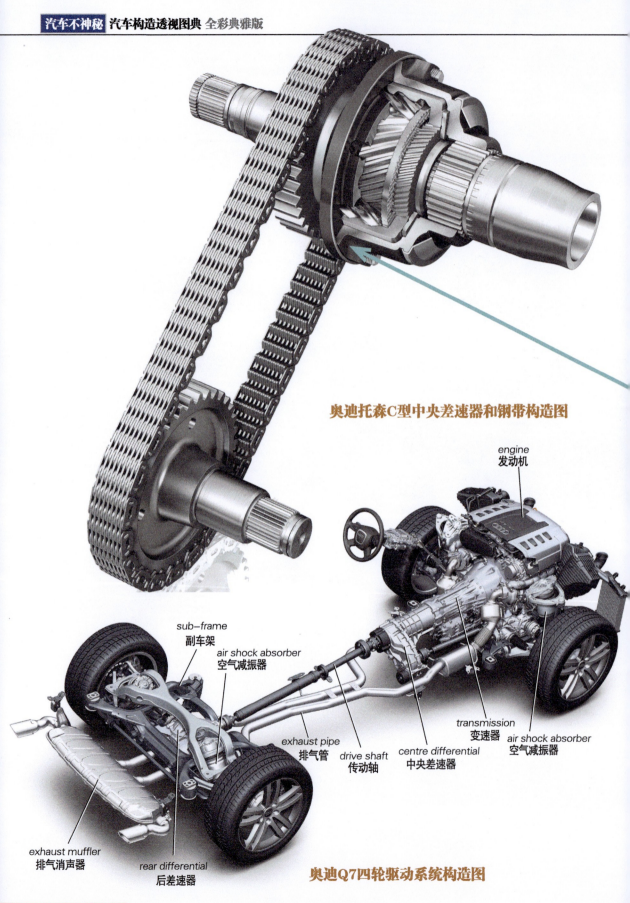

奥迪托森C型中央差速器和钢带构造图

奥迪Q7四轮驱动系统构造图

第4章 传动系统

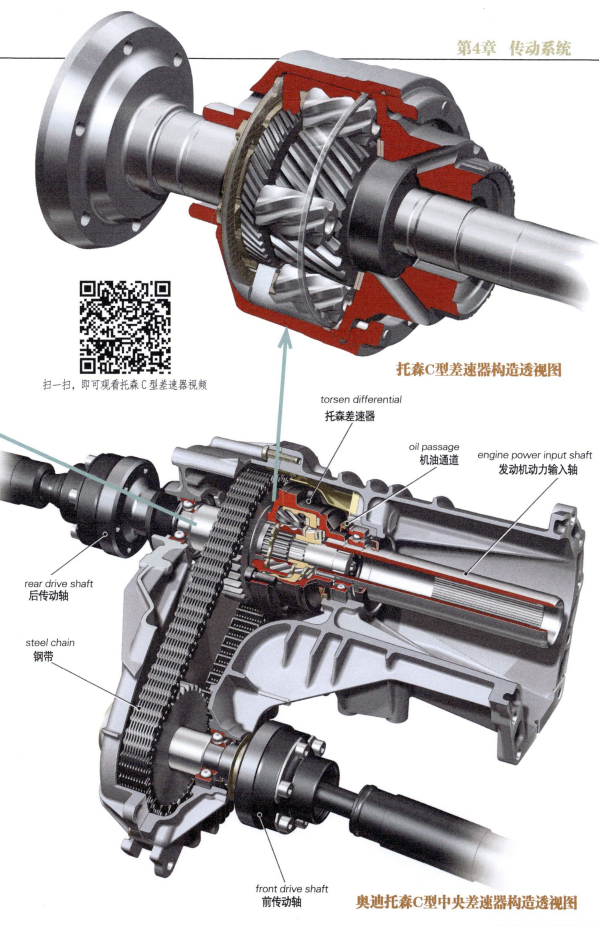

扫一扫，即可观看托森C型差速器视频

托森C型差速器构造透视图

torsen differential
托森差速器

oil passage
机油通道

engine power input shaft
发动机动力输入轴

rear drive shaft
后传动轴

steel chain
钢带

front drive shaft
前传动轴

奥迪托森C型中央差速器构造透视图

奥迪冠齿中央差速器

正如其名称所示，冠齿差速器中有两个冠形齿轮并相扣在一起。它们的外侧分别通过平行轴与前传动轴和后传动轴相连，分别负责向前轮和后轮传递驱动力。它们的内侧则与组成十字形的四个小齿轮啮合。

请注意，由于两个冠形齿轮与中间小齿轮的啮合点的高低不同，后冠形齿轮的啮合点高，前冠形齿轮的啮合点低，而且高低之比为60：40，根据杠杆原理，"力臂"更长的后冠形齿轮得到的力矩就较大，并且与前冠形齿轮所得的力矩之比为60：40。因此，在正常条件下，虽然两个冠形齿轮以同样的转速旋转（四个小齿轮自身并不旋转），但向后轴和前轴传递的动力却不同，而且后轴/前轴的驱动力比为60：40。

当某个车轴出现滑动时，两个冠形齿轮的转速就会不同，导致四个小齿轮产生自转，进而导致两端的离合器片（图中红色）相互挤压，从而产生自锁反应，最终改变传向后轴和前轴的驱动力分配比例，并且使后轴/前轴的驱动力比可以在85：15~30：70之间连续变化。

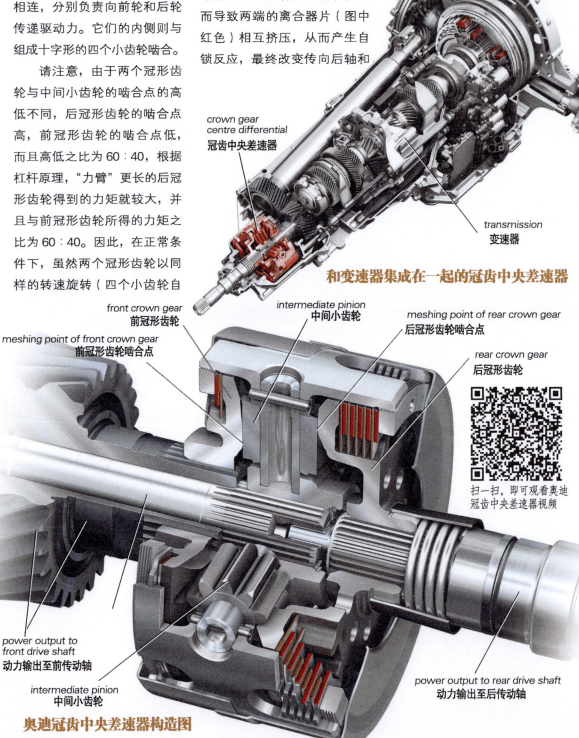

和变速器集成在一起的冠齿中央差速器

奥迪冠齿中央差速器构造图

扫一扫，即可观看奥迪冠齿中央差速器视频

第4章 传动系统

分动器的作用

分动器俗称分动箱，是四驱汽车上的特有装置。顾名思义，它就是分配动力的机器。它的任务就是将发动机输出的驱动转矩分别传递到各驱动桥。

它的输入端与变速器的输出轴相连。它的输出端一般有两个，分别经万向传动装置和链条与前、后驱动桥连接。

一些分动器还具有减速功能，设有两个选择档位，起到副变速器的作用。当选择低档位时，可以将驱动转矩放大，以提高攀爬和拖动的能力。

分动器的传动方式有链条与齿轮两种。在全时四驱和分时四驱上才会有分动器，而在适时四驱上没有分动器。

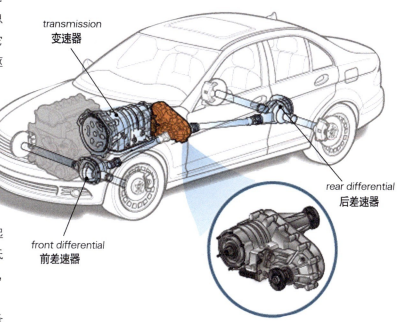

分动器在汽车上的位置图

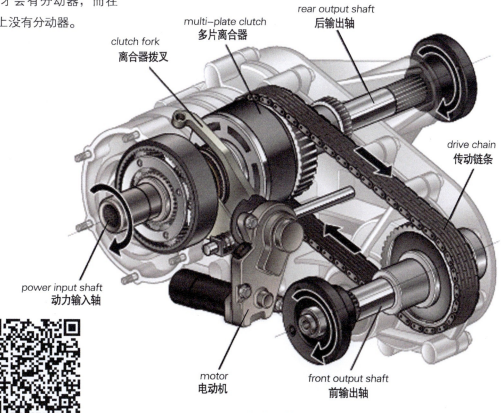

分动器构造图

扫一扫，即可观看分动器构造与原理视频

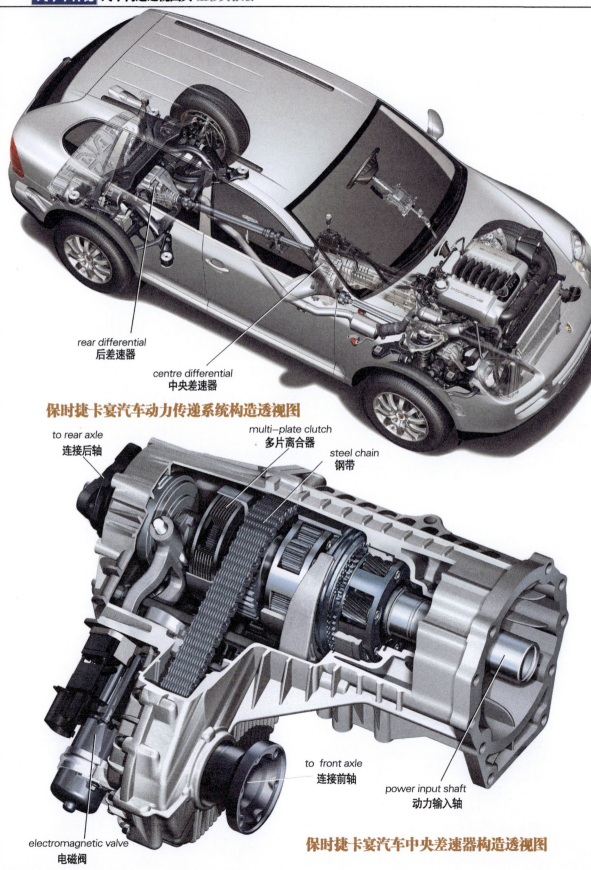

保时捷卡宴汽车动力传递系统构造透视图

保时捷卡宴汽车中央差速器构造透视图

第4章 传动系统

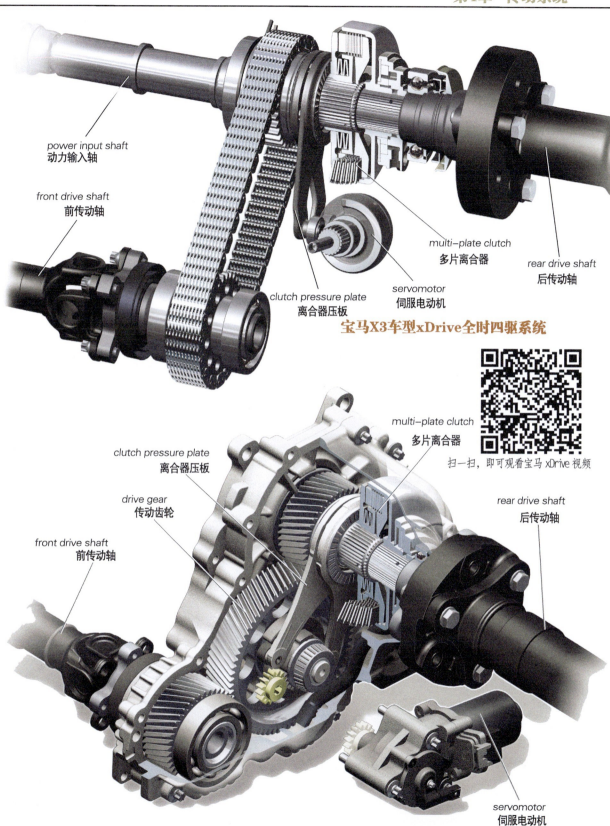

宝马X3车型xDrive全时四驱系统

宝马X5车型xDrive全时四驱系统

扫一扫,即可观看宝马xDrive视频

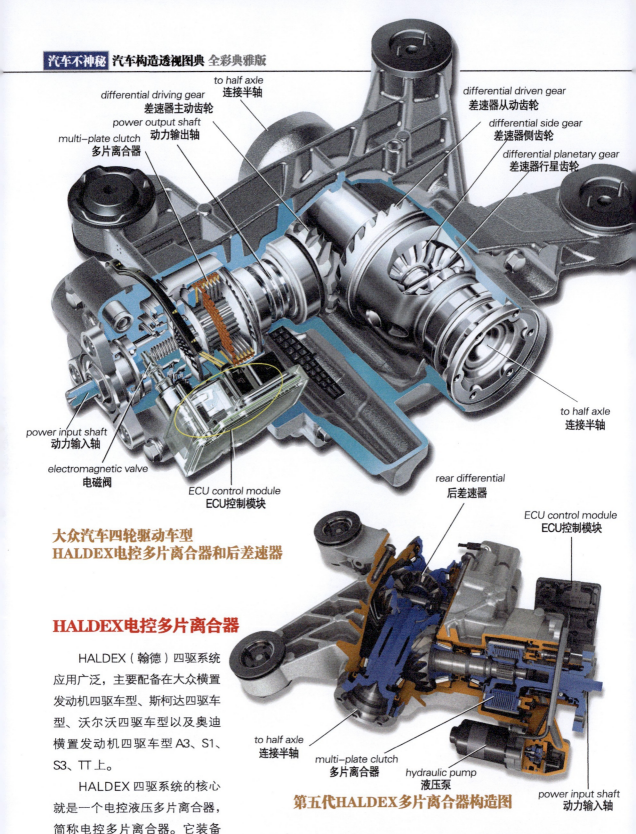

大众汽车四轮驱动车型
HALDEX电控多片离合器和后差速器

第五代HALDEX多片离合器构造图

HALDEX电控多片离合器

HALDEX（翰德）四驱系统应用广泛，主要配备在大众横置发动机四驱车型、斯柯达四驱车型、沃尔沃四驱车型以及奥迪横置发动机四驱车型A3、S1、S3、TT上。

HALDEX四驱系统的核心就是一个电控液压多片离合器，简称电控多片离合器。它装备在后差速器前端，与后差速器集成在一起。

HALDEX四驱系统的控制电脑根据前后轴转速差、节气门位置、制动器、转向等信息，通过电动控制的液压泵对离合器片施加不同的压紧力，从而将所需的驱动转矩由前轴传递到后轴。离合器的动作时间只需0.1秒。

当车辆正常行驶时，电控多片离合器只有轻微压

第4章 传动系统

扫一扫，即可观看电控多片离合器视频

第四代HALDEX多片离合器构造图

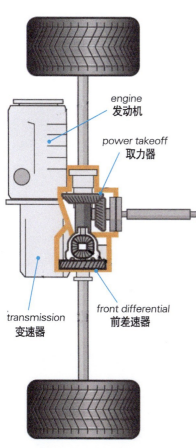

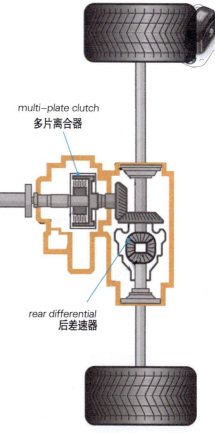

紧，前后轴的驱动转矩分配比为 95：5（不同车型上稍有区别），接近前驱模式，这样有利于节省能源。当车辆行驶在附着力较差的路面时，多片离合器被完全压紧，使前轴与后轴接近刚性连接，前轴和后轴分别得到 50% 的驱动转矩，因此 HALDEX 四驱系统的驱动转矩调节范围在正常情况下为 95：5~50：50。

在极端情况下，如果两个前轮完全失去抓地力，而两个后轮上仍有抓地力，则电控多片离合器将被完全压紧，发动机的动力此时只能传递给后轴，这样后轴上往往可以得到高达 90% 的驱动转矩，此时接近后轮驱动。

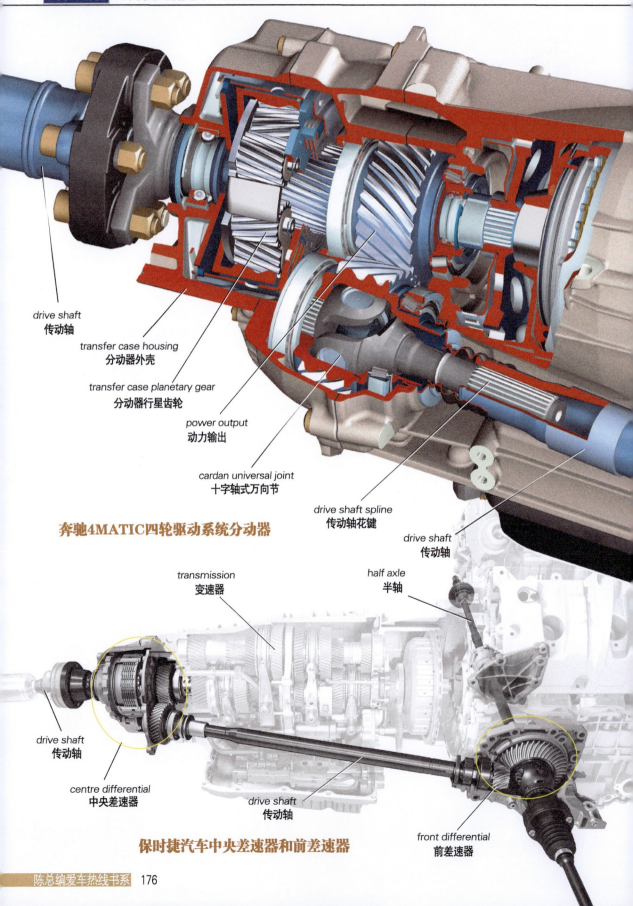

奔驰4MATIC四轮驱动系统分动器

保时捷汽车中央差速器和前差速器

第4章 传动系统

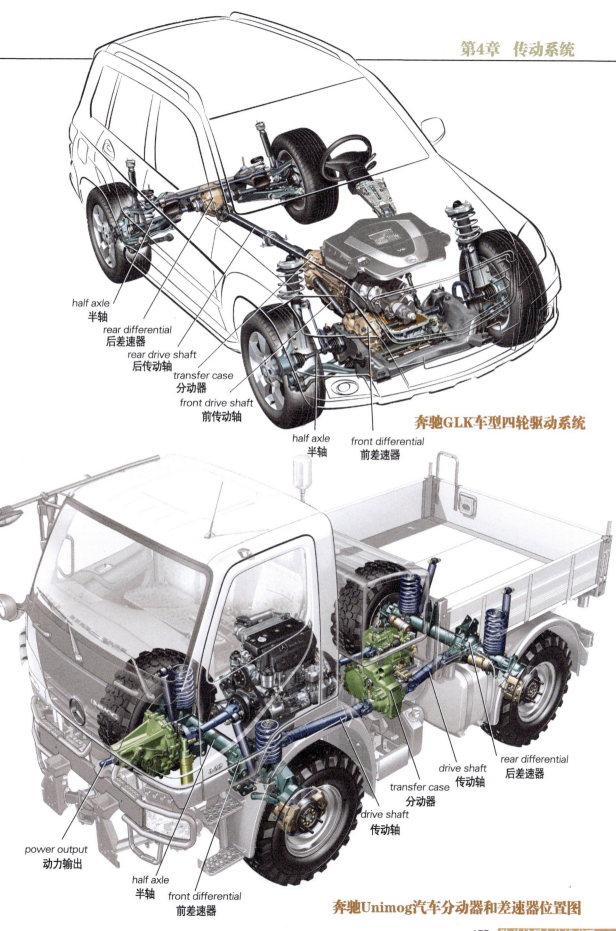

第3节 传动轴和半轴

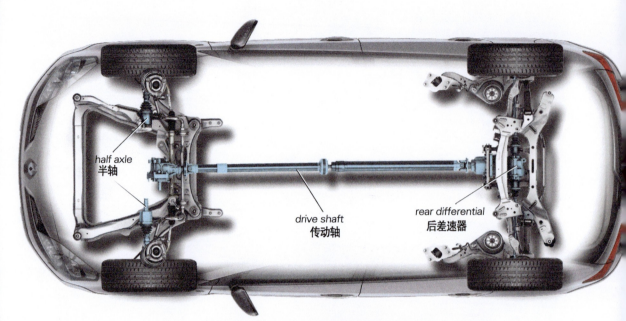

雷诺KOLEOS汽车传动轴和半轴位置示意图

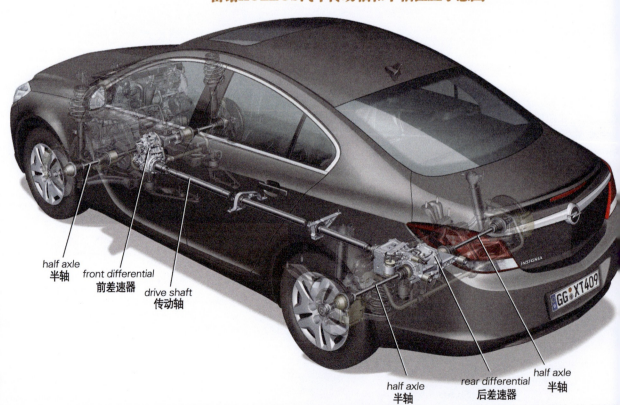

欧宝INSIGNIA汽车四轮驱动系统

第4章 传动系统

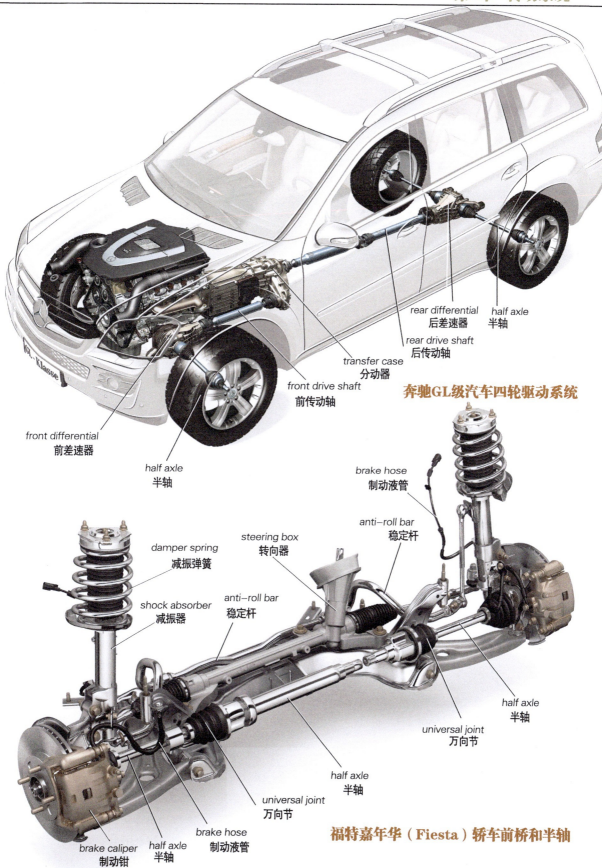

奔驰GL级汽车四轮驱动系统

福特嘉年华（Fiesta）轿车前桥和半轴

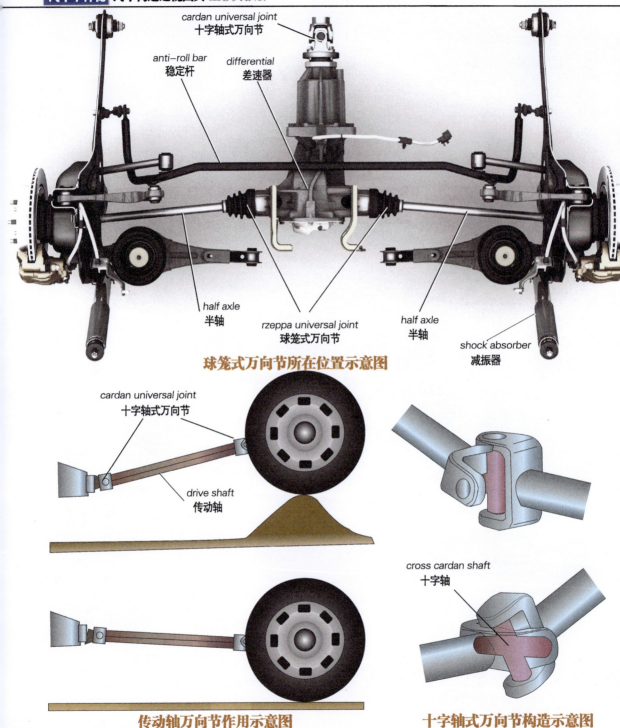

传动轴万向节

在前置发动机后轮驱动的汽车上，要使用一根强度足够大的传动轴将动力由前传递到后。后车轮、后车轴是根据路面情况不断跳动的，因此传动轴在汽车行驶中也是不断跳动的。为了使动力传递更顺畅，必须在传动轴两端以万向节的形式连接。对于轴距较长的前置后驱车型，还必须使用由两根传动轴连接在一起的传动轴，它们一般采用十字轴式万向节。

第4章 传动系统

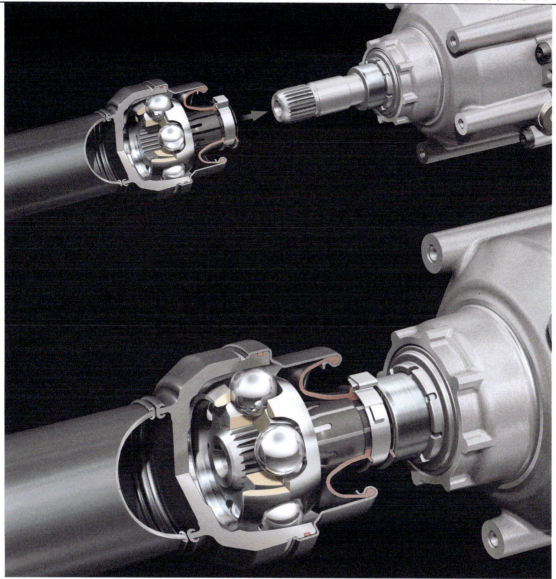

奥迪A8轿车球笼式万向节构造透视图

等速万向节

在前轮驱动的汽车上,要把发动机的动力经变速器传递到两个前轮,必须使用左右两根驱动半轴。但因为车轮是在不断跳动的,尤其是前轮还兼有转向功能,那么半轴和车轮之间的角度总是变化的,所以必须在半轴上采用一种等速万向节(两者角速度相等),使半轴在旋转的同时还能扭转一定的角度,以适应驱动轮的跳动和摆动。在通常情况下,前驱动半轴上通常采用球笼式万向节,因为球笼式万向节是等速万向节。

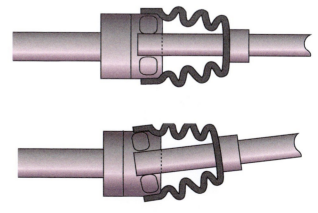

球笼式万向节构造示意图

第5章 转向系统

第1节 转向形式

齿轮齿条式转向

在现代轿车上，最常见的转向机是齿轮齿条式转向机。方向盘下面的转向柱末端是个齿轮，这个齿轮与一个齿条相啮合，而齿条则通过转向拉杆与前轮相连。当转动方向盘时，转向齿轮便会带动转向齿条左右运动，进而由转向拉杆推拉前轮进行左右摆动，这样就可以控制汽车向左转、向右转。齿轮齿条式转向结构简单，可靠性强，而且传递路感比较直接和清晰。

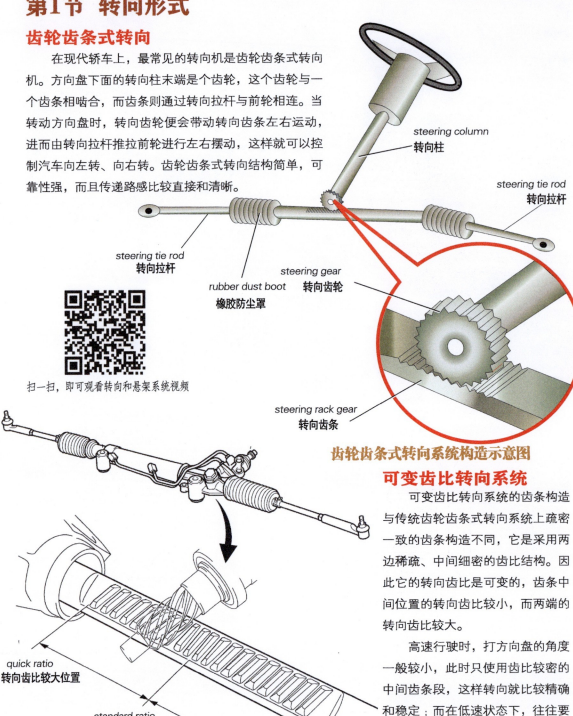

扫一扫，即可观看转向和悬架系统视频

齿轮齿条式转向系统构造示意图

可变齿比转向系统构造示意图

可变齿比转向系统

可变齿比转向系统的齿条构造与传统齿轮齿条式转向系统上疏密一致的齿条构造不同，它是采用两边稀疏、中间细密的齿比结构。因此它的转向齿比是可变的，齿条中间位置的转向齿比较小，而两端的转向齿比较大。

高速行驶时，打方向盘的角度一般较小，此时只使用齿比较密的中间齿条段，这样转向就比较精确和稳定；而在低速状态下，往往要大幅度打方向盘，此时则使用齿比较疏的两端齿条段，可以让转向更为灵敏。

第5章 转向系统

循环球式转向

循环球式转向机是利用滚球沿着沟槽运动来传递转向力的转向机。循环球能使驾驶人获得非常圆滑的转向手感，遇到颠簸路面也不会使方向盘产生较大的振动，因此在大货车、大客车、越野车、重型SUV上较多使用循环球式转向机。

循环球式转向机结构复杂，零部件较多，制造成本也较高，而且转向灵敏性较差，因此在普通轿车上很少采用。

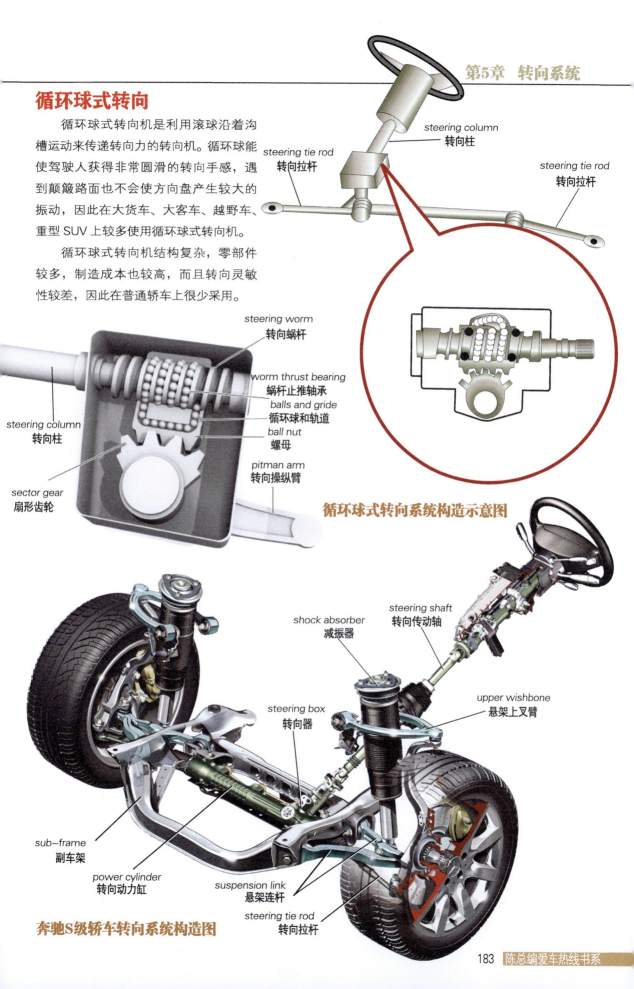

循环球式转向系统构造示意图

奔驰S级轿车转向系统构造图

第2节 转向助力

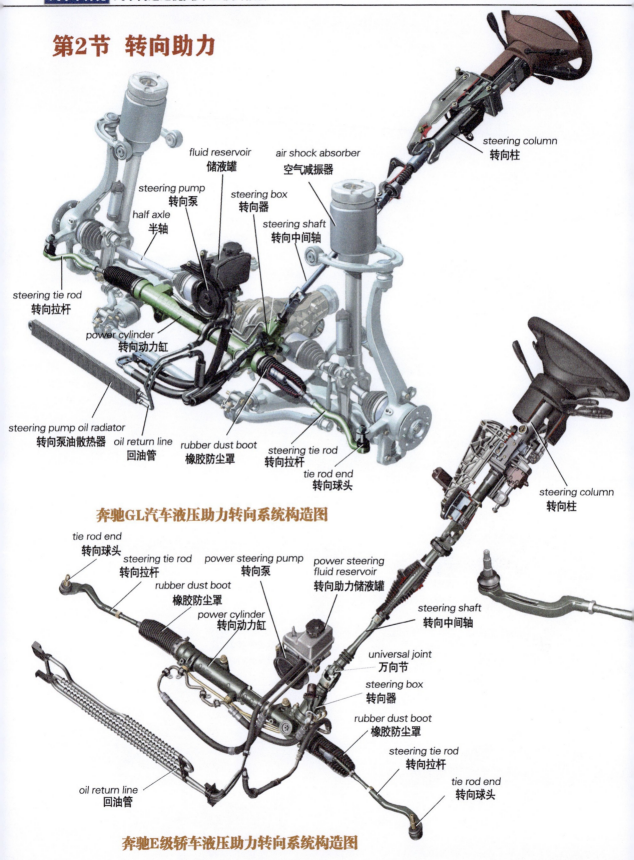

奔驰GL汽车液压助力转向系统构造图

奔驰E级轿车液压助力转向系统构造图

第5章 转向系统

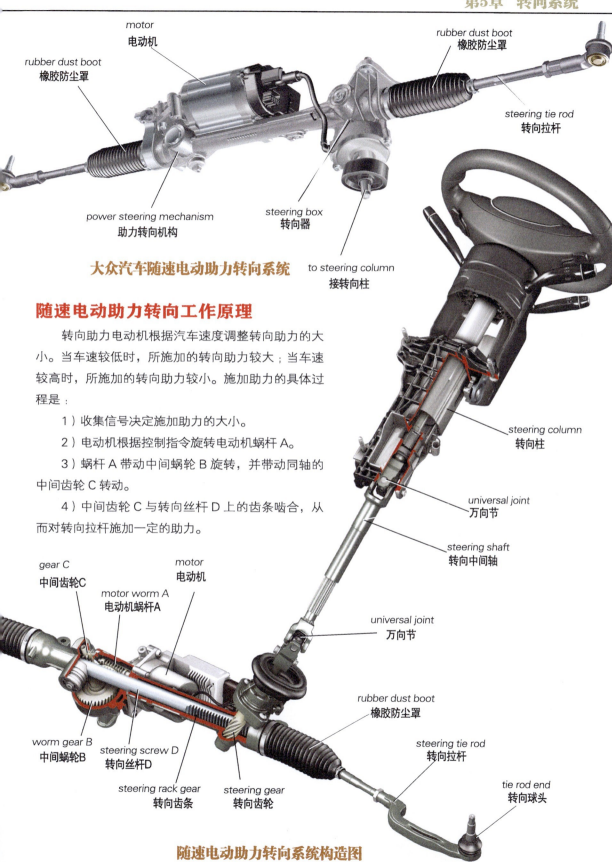

大众汽车随速电动助力转向系统

随速电动助力转向工作原理

转向助力电动机根据汽车速度调整转向助力的大小。当车速较低时,所施加的转向助力较大;当车速较高时,所施加的转向助力较小。施加助力的具体过程是:

1)收集信号决定施加助力的大小。

2)电动机根据控制指令旋转电动机蜗杆 A。

3)蜗杆 A 带动中间蜗轮 B 旋转,并带动同轴的中间齿轮 C 转动。

4)中间齿轮 C 与转向丝杆 D 上的齿条啮合,从而对转向拉杆施加一定的助力。

随速电动助力转向系统构造图

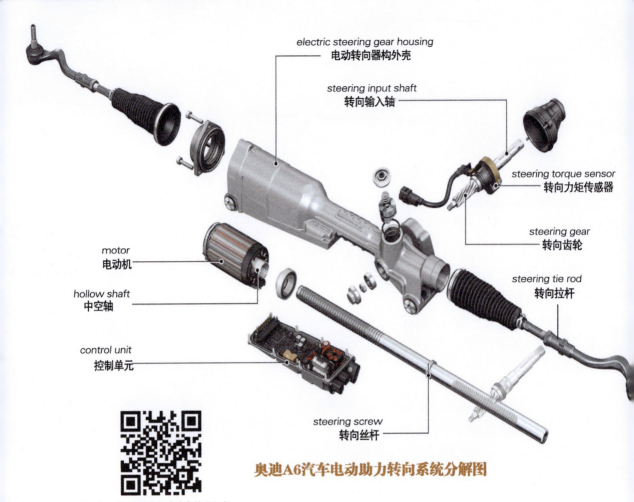

奥迪A6汽车电动助力转向系统分解图

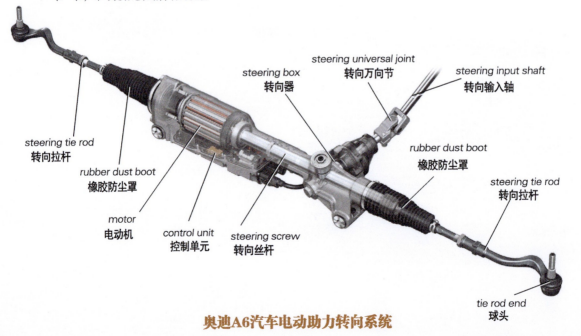

奥迪A6汽车电动助力转向系统

第5章 转向系统

奥迪动态转向系统

集成于转向柱中的传动装置由一个配有位置感应器的交流电动机、叠式齿轮和一个互锁设备构成。

动态转向系统的核心机构之一是采用一个谐波齿轮机构来实现角度叠合传动作用。谐波齿轮主要由三个部件组成：

1）最里面的波发生器（Wave Generator，简称 WG），也就是最里面带轴承的那个内转子，它是椭圆形的。

2）椭圆形内转子上可以产生变形的薄壁柔轮（Flex Spline，简称 FS）。

3）最外侧的钢轮（Circular Spline，简称 CS），它连接转向轴的输出端，驱动转向机构。

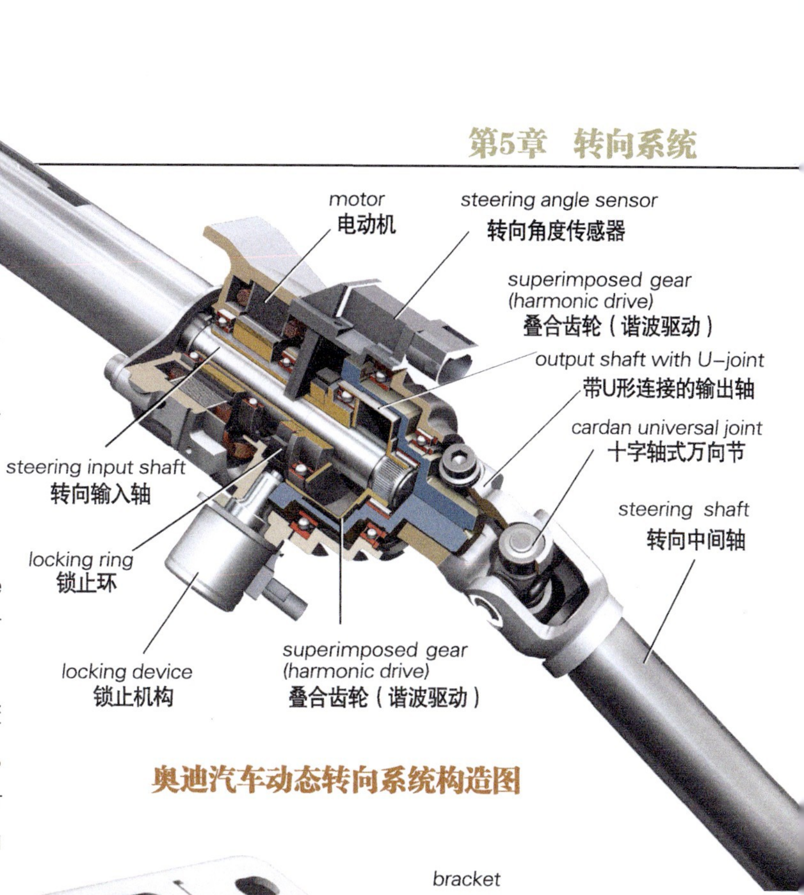

奥迪汽车动态转向系统构造图

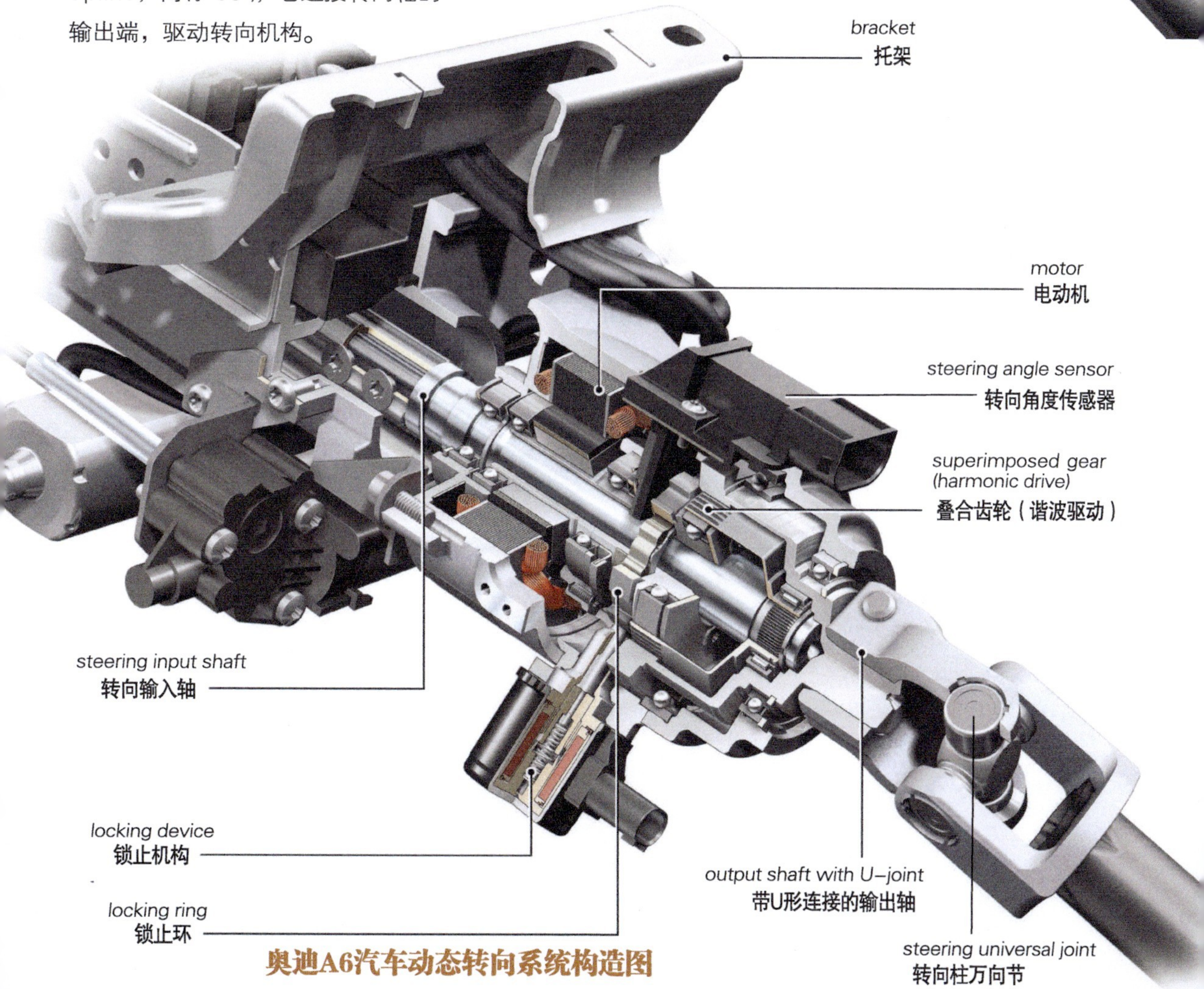

奥迪A6汽车动态转向系统构造图

第3节 四轮转向

① ESP/ABS control unit
  ESP/ABS控制单元
② steering angle sensor
  方向盘角度传感器
③ electronic control unit for four wheel steering system
  四轮转向系统控制电脑ECU
④ data bus CAN
  数据总线CAN
⑤ motor for driving rear wheel steering
  驱动后轮转向的电动机

雷诺Laguna GT轿车后轮转向系统示意图

扫一扫，即可观看奥迪Q7四轮转向视频

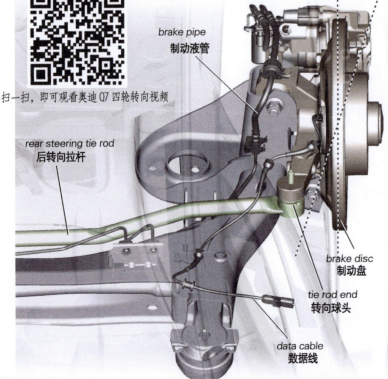

雷诺Laguna GT轿车后轮转向系统俯视图

后轮转向系统

现在轿车上装备的四轮转向系统，一般都是通过一个电动机来改变后轮的转向角，如宝马7系后轮转向角最大达3°，雷诺Laguna GT后轮转向角最大可改变3.5°。

在低速时，后轮与前轮转向相反，以提高汽车的灵敏性，减小转弯直径。这样不仅明显改善了控制灵敏性，并且由于减小了转向力，还可进一步提高驾乘舒适性。

在车速较高的情况下，后轮与前轮转向方向相同，从而使汽车的转向更加平稳、顺畅。

第5章 转向系统

front steering box
前转向器

rear steering box
后转向器

shock absorber and damper spring
减振器和减振弹簧

sub-frame
副车架

shock absorber and damper spring
减振器和减振弹簧

rear wheel steering motor
后轮转向电动机

rear steering tie rod
后转向拉杆

tie rod end
转向球头

steering knuckle arm
转向节臂

宝马汽车整体转向系统示意图

扫一扫，即可观看宝马四轮转向视频

宝马汽车后轮转向构造示意图

沃尔沃汽车溃缩式转向柱示意图

第6章 悬架系统

第1节 悬架形式

标致207 RC轿车悬架系统

- mcpherson front suspension 麦弗逊式前悬架
- torsion beam rear suspension 扭力梁式后悬架

麦弗逊式悬架系统

麦弗逊式悬架系统构造图

- upper spring mount 弹簧上座
- upper strut seat 支柱上座
- coil spring 螺旋弹簧
- strut dust boot 支柱防尘罩
- half axle dust boot 半轴防尘罩
- lower control arm 下控制臂
- shock absorber 减振器
- lower spring mount 弹簧底座
- steering knuckle 转向节
- tie rod end 球头
- brake caliper 制动钳
- brake disc 制动盘

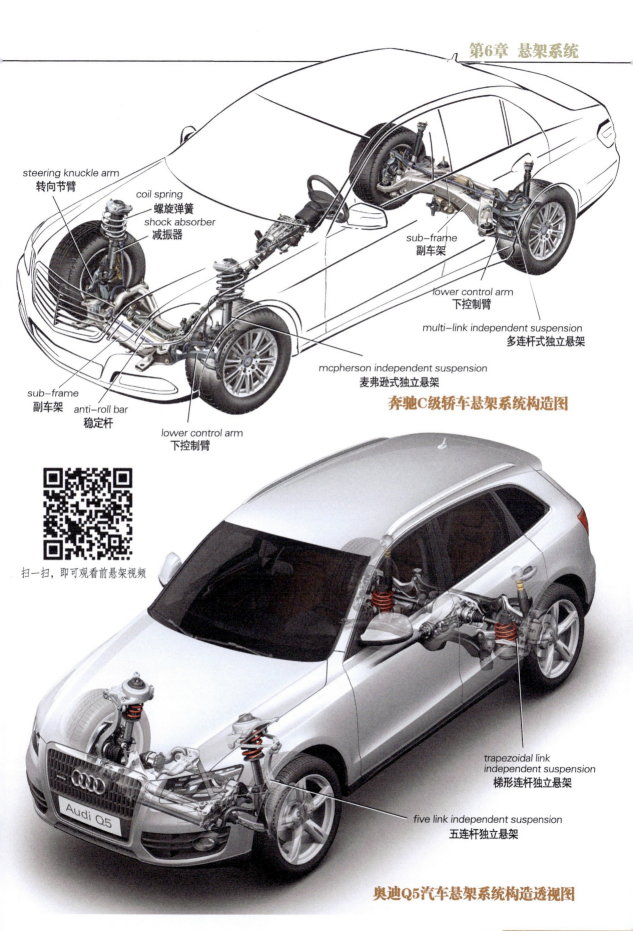

non-independent suspensions
非独立悬架常见形式

leaf spring suspension
钢板弹簧式悬架

coil spring suspension
螺旋弹簧式悬架

trailing link suspension
横向推力杆式悬架

torsion beam suspension
扭力梁式悬架

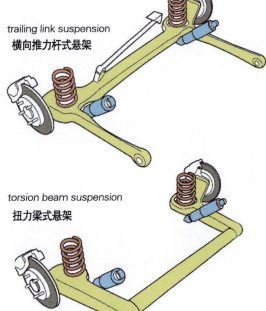

independent suspensions
独立悬架常见形式

mcpherson suspension
麦弗逊式悬架

chapman strut suspension
弹性支柱式悬架(查普曼式悬架)

double wishbone suspension
双叉臂式悬架

multi-link suspension
多连杆式悬架

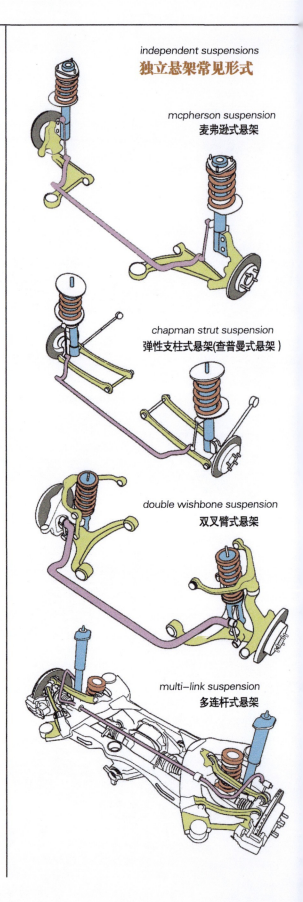

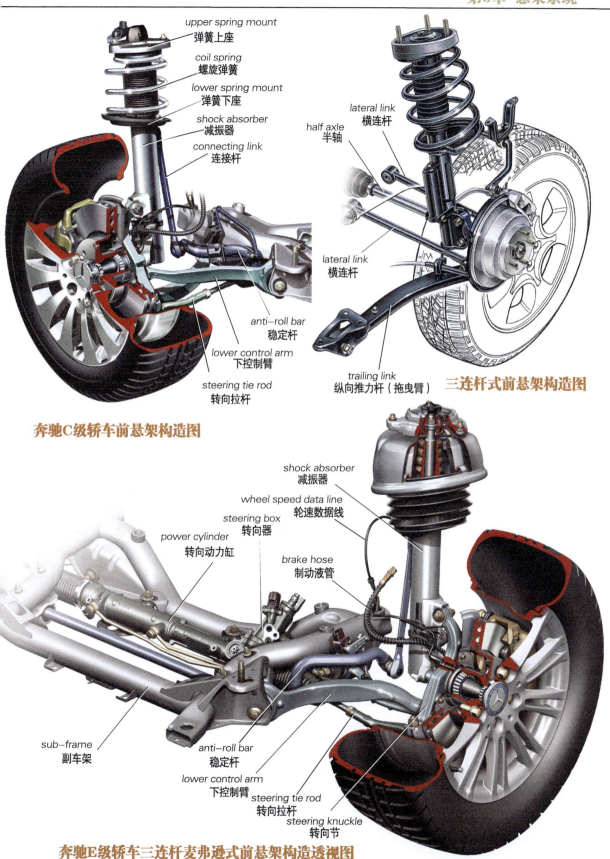

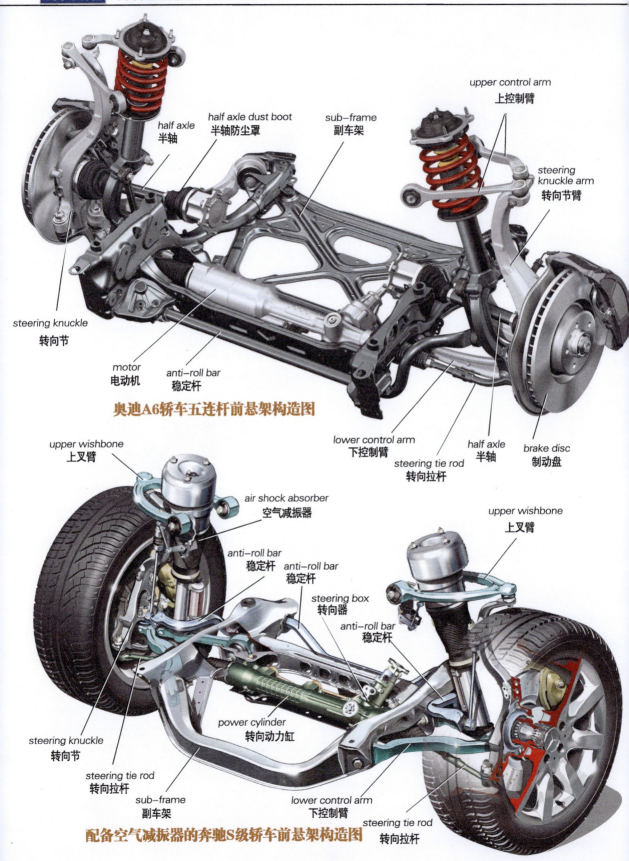

奥迪A6轿车五连杆前悬架构造图

配备空气减振器的奔驰S级轿车前悬架构造图

第6章 悬架系统

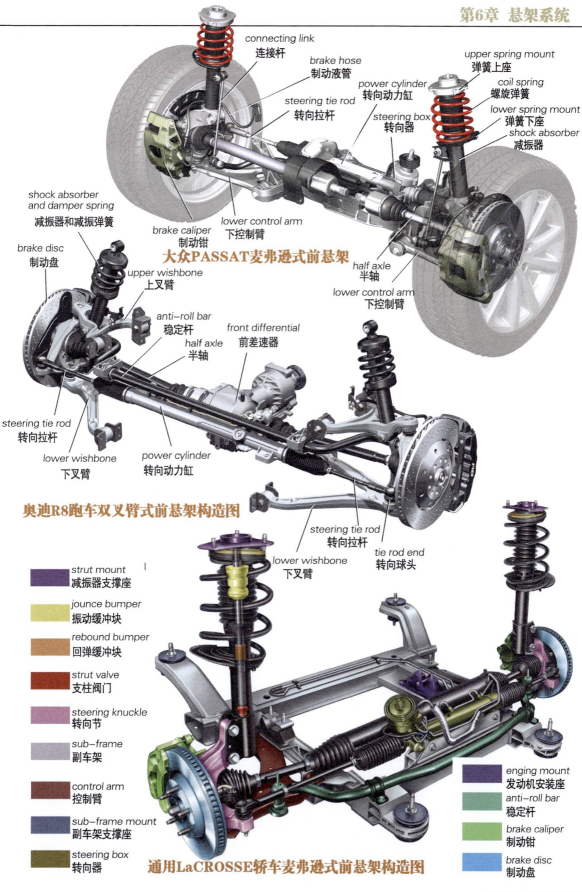

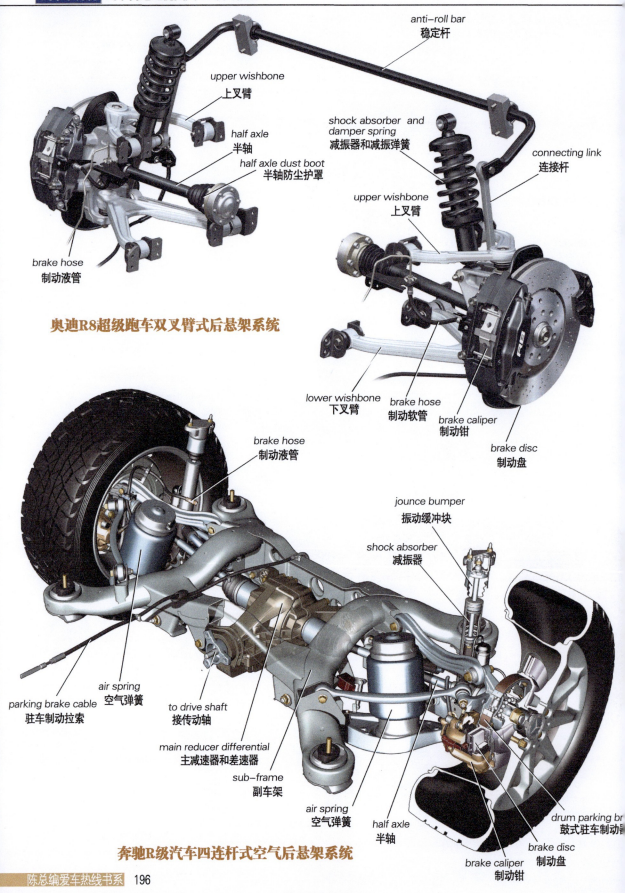

奥迪R8超级跑车双叉臂式后悬架系统

奔驰R级汽车四连杆式空气后悬架系统

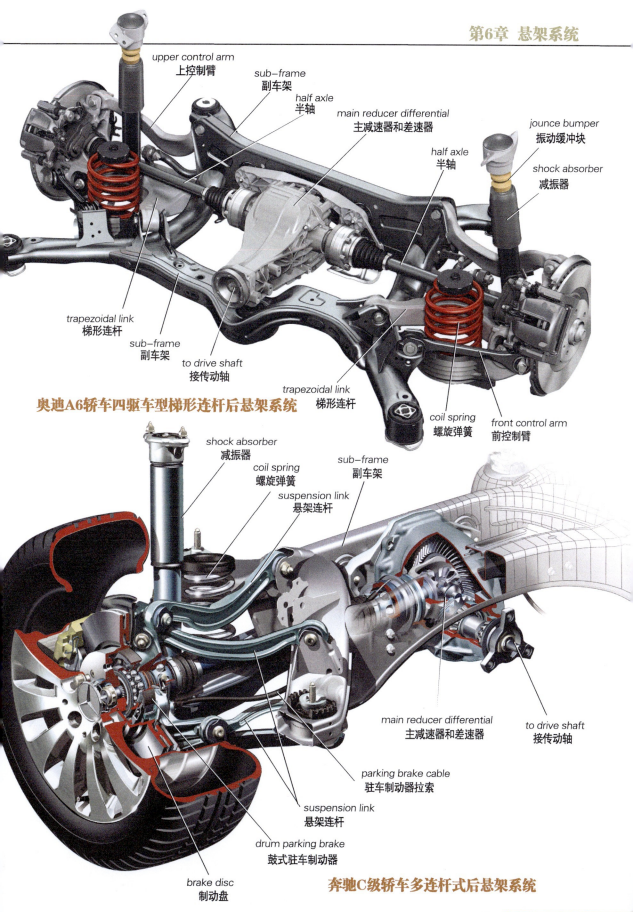

第2节 主动悬架

奥迪A6轿车主动式空气悬架控制系统

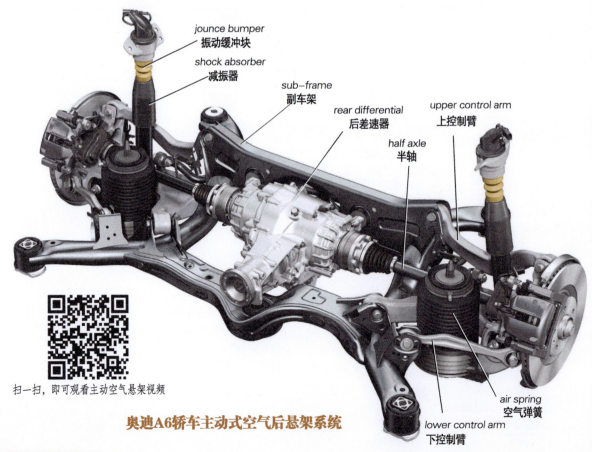

扫一扫，即可观看主动空气悬架视频

奥迪A6轿车主动式空气后悬架系统

第6章 悬架系统

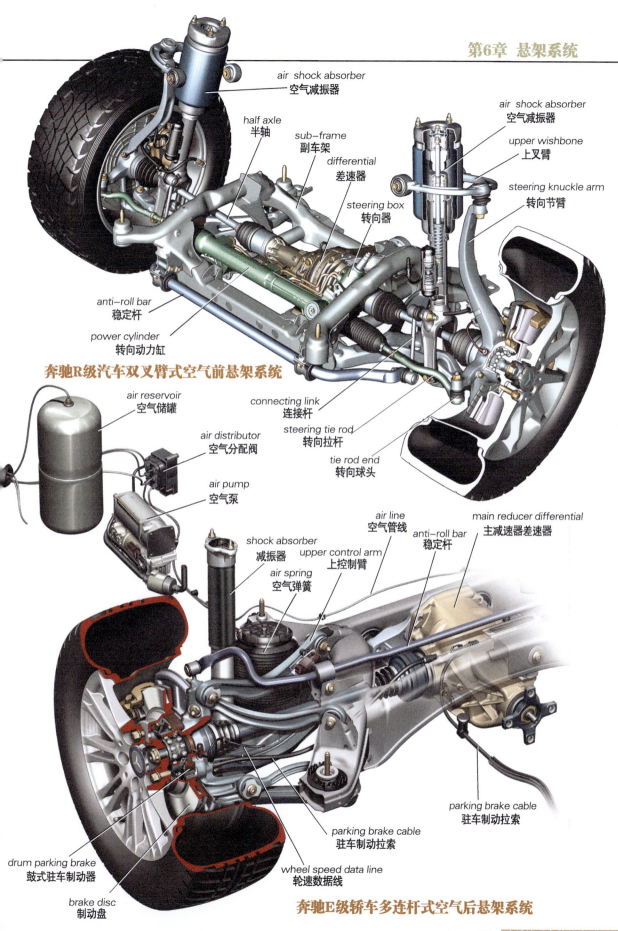

奔驰R级汽车双叉臂式空气前悬架系统

奔驰E级轿车多连杆式空气后悬架系统

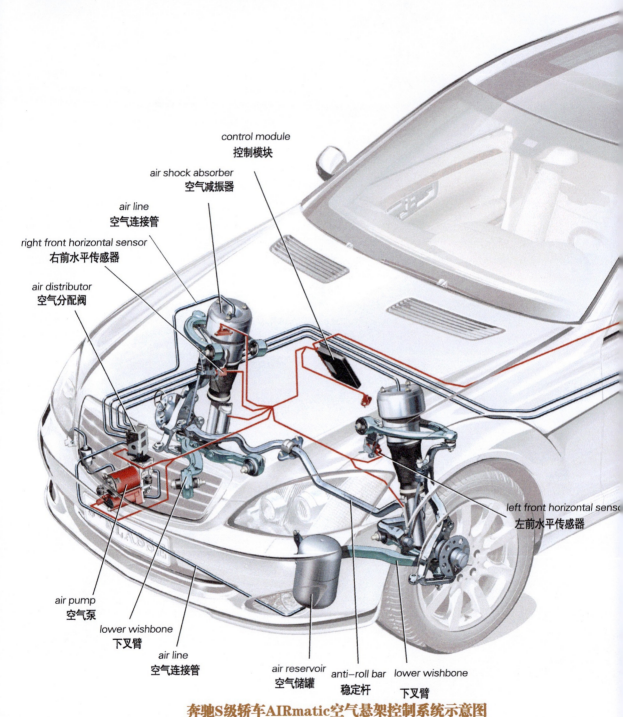

奔驰S级轿车AIRmatic空气悬架控制系统示意图

奔驰AIRmatic空气悬架

　　奔驰 AIRmatic 空气悬架是一种全支撑式悬架系统。当发动机运转时，它能够根据载荷情况保持车身高度。AIRmatic 控制模块根据 2 个前轴高度传感器和 1 个后轴高度传感器的信号，经计算后发出指令来控制空气悬架上的分配阀，从而调整车身的高度，使车身一直保持水平状态。

第6章 悬架系统

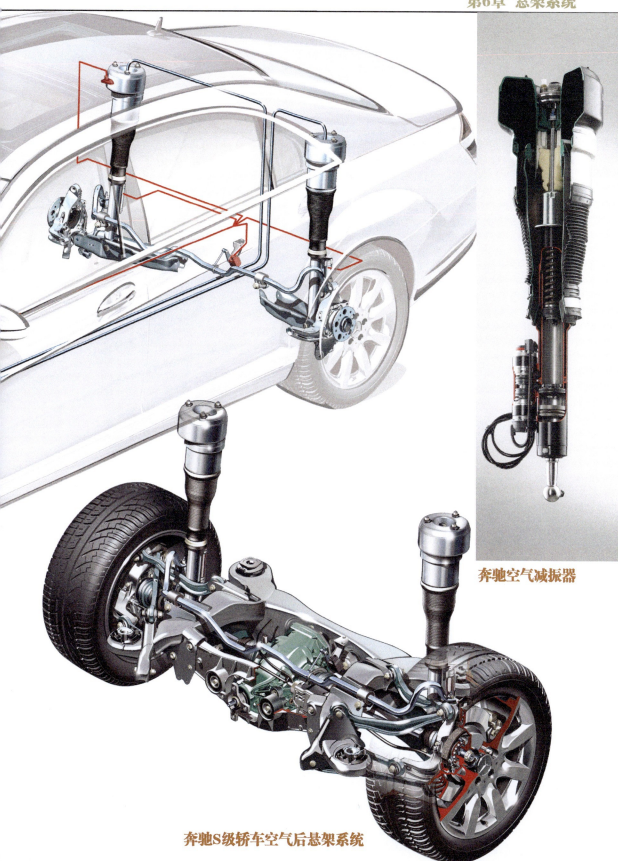

奔驰空气减振器

奔驰S级轿车空气后悬架系统

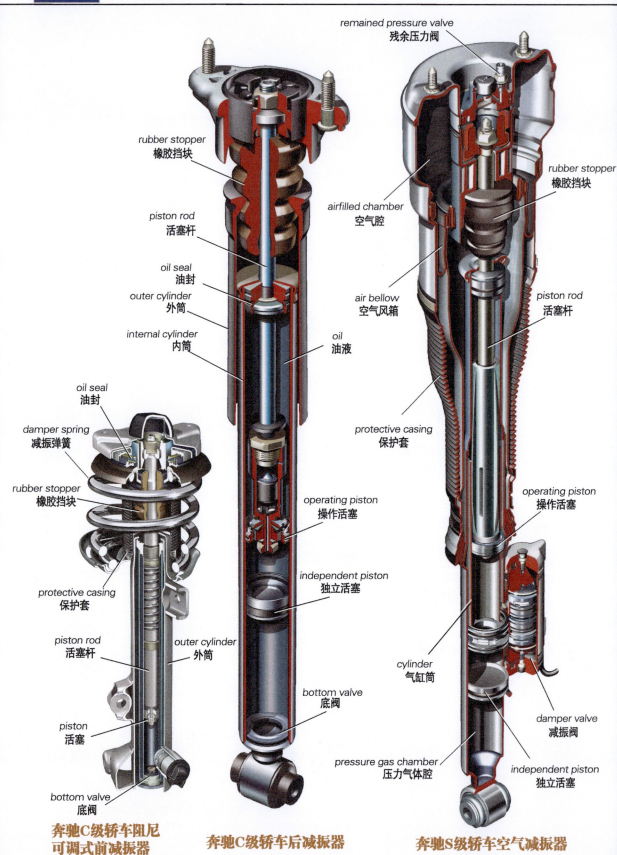

第6章 悬架系统

主动车身控制系统

在奔驰的一些高级别车型上装备有一种可以控制车身平衡的悬架系统，即主动车身控制系统（Active Body Control，简称 ABC）。

ABC 系统可以对汽车的侧倾、俯仰、横摆、跳动和车身高度进行迅速、精确的调节和控制，可以减小车身的侧倾，减小车轮外倾角度的变化，这样轮胎就能较好地保持与地面垂直接触，使轮胎对地面的附着力提高，以充分发挥轮胎的驱动和制动作用。

在 ABC 系统中，通过控制流向每个减振器的液压油量，来自动控制弹簧座的上下移动（如左图示），从而吸收外界传到车身的振动（如下图示）。同时，通过调节弹簧座的移动，还能够调节减振器阻尼系数的大小，使汽车的舒适性和运动性都得到充分的改善。因为 ABC 可以单独调节每个减振器的性能，所以车身在加速和制动时的前后运动，以及在转弯时的左右摆动，都能得到较好的控制，并能使车身在任何情况下都保持水平。

在 ABC 系统中共采用了 13 个传感器和 2 个微处理器。控制系统每 0.01 秒向悬架系统发出一次指令，以适应各种行驶状况，实时对汽车的行驶状况进行调节。

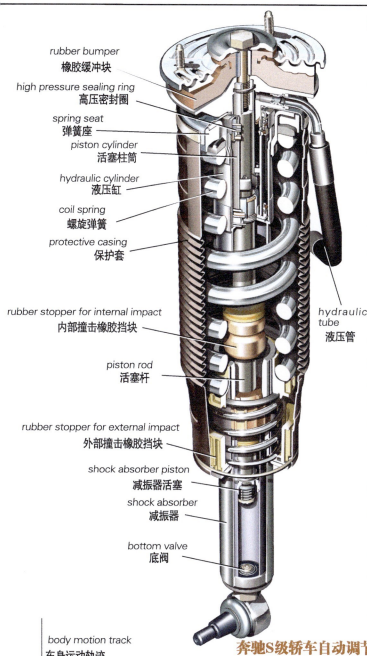

奔驰S级轿车自动调节式减振器

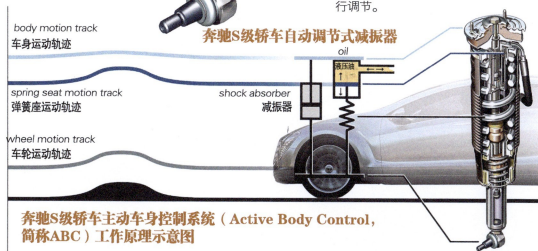

奔驰S级轿车主动车身控制系统（Active Body Control，简称ABC）工作原理示意图

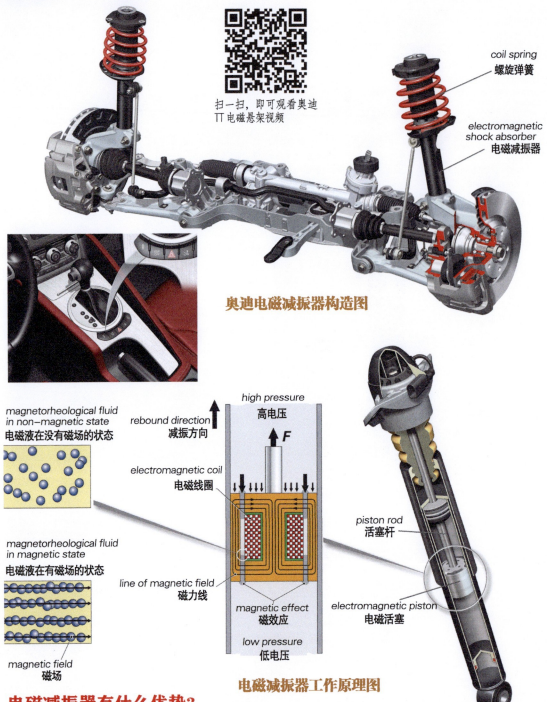

奥迪电磁减振器构造图

电磁减振器工作原理图

电磁减振器有什么优势？

电磁悬架 (Magnetic Ride Control) 是利用电磁反应的一种新型独立悬架系统，它可以针对路面情况，在1毫秒时间内做出反应，抑制振动，保持车身稳定。特别是在车速很高又突遇障碍时，更能显出它的优势。

在减振器内装的不是普通油，而是一种被称为电磁液的特殊液体。它由合成碳氢化合物以及3至10微米大小的磁性颗粒组成。一旦控制单元发出脉冲信号，线圈内便会产生电压，从而形成一个磁场，并改变粒子的排列方式。这些粒子马上会按垂直于压力的方向排列，阻碍油液在活塞通道内流动的效果，从而提高阻尼系数，调整悬架的减振效果。

第6章 悬架系统

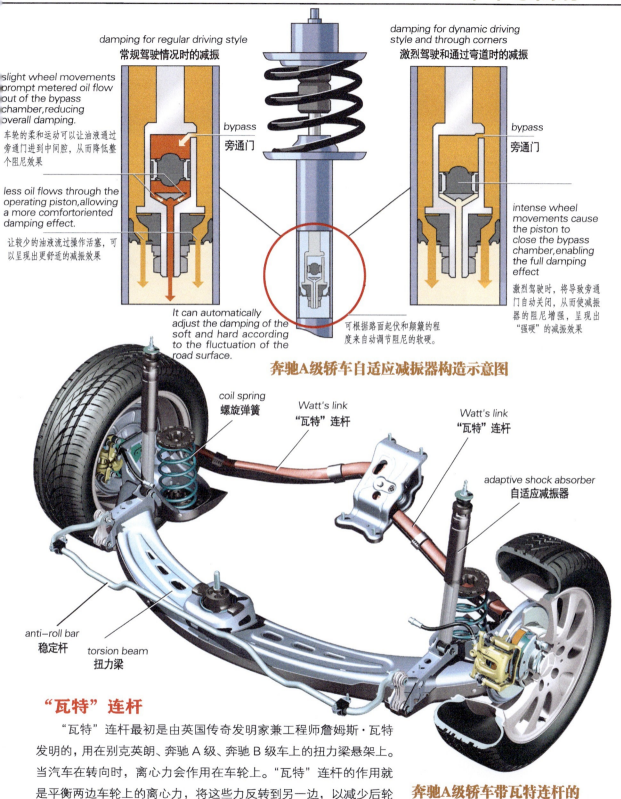

奔驰A级轿车自适应减振器构造示意图

"瓦特"连杆

"瓦特"连杆最初是由英国传奇发明家兼工程师詹姆斯·瓦特发明的,用在别克英朗、奔驰 A 级、奔驰 B 级车上的扭力梁悬架上。当汽车在转向时,离心力会作用在车轮上。"瓦特"连杆的作用就是平衡两边车轮上的离心力,将这些力反转到另一边,以减少后轮侧向力对车轮前束的影响,使两侧车轮受力始终与路面保持最适宜的接触,达到最佳的附着力。"瓦特"连杆一方面提高了车辆的驾乘舒适性,也加强了车辆循迹性。

奔驰A级轿车带瓦特连杆的扭力梁后悬架系统

第7章 制动与安全

第1节 制动系统

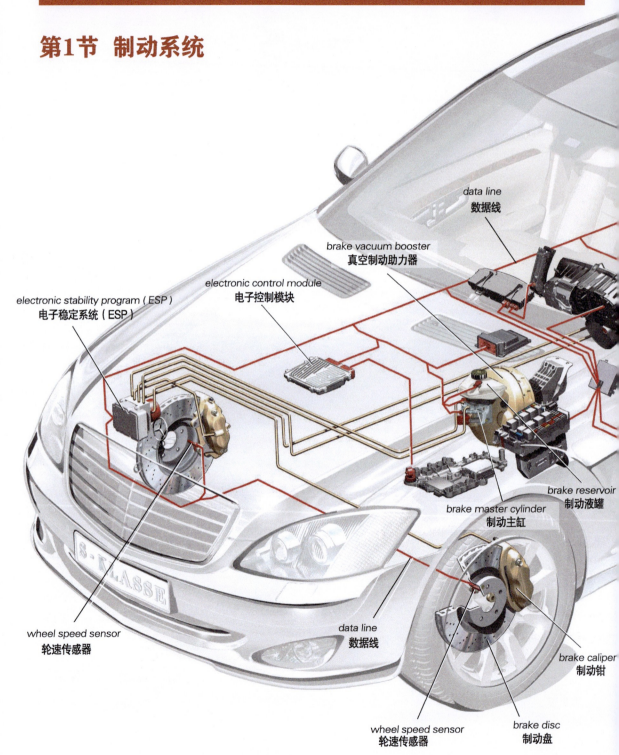

奔驰S级轿车制动系统控制线路图

第7章 制动与安全

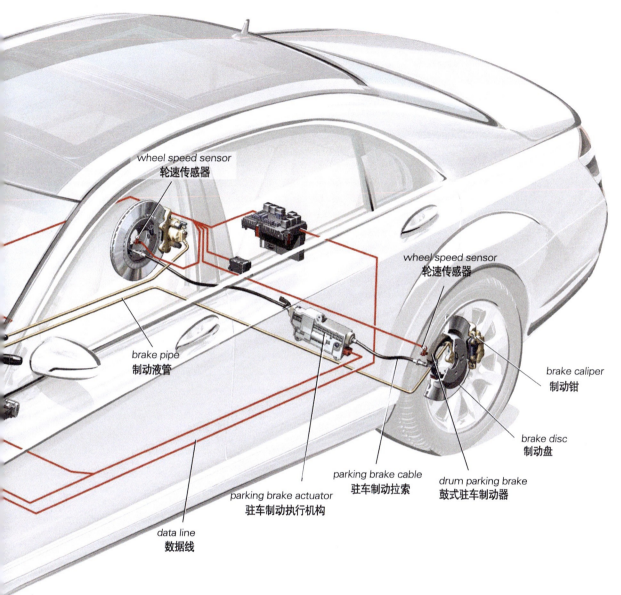

制动过程和能量置换

汽车的制动过程是一个将汽车的动能转换为热能的过程。汽车为什么能够继续前进而不停止，即使不踩加速踏板汽车也会继续往前飞跑？因为汽车本身已经拥有动能，只有把这些动能消耗殆尽，汽车才会完全停止。可是我们知道，总能量是不会消失的，也就是能量是守恒的，要想让运动着的汽车的动能为零，只能是将其转化为其他能量方式，比如热能。

动能转化为热能的过程比较常见，比如摩擦生热、钻木取火等。用摩擦片或制动片来强制摩擦制动盘，制动盘上就会产生大量的热量，同时车轮上的动能在减少。为了提高制动的速度，或者说加快动能转化为热能的效率，要么加大摩擦力（如通过增大制动力、加大制动盘直径等），要么改善热量散发出去的速度（如通风式制动盘、打孔式制动盘等）。因此，一些对制动性能要求比较高的车辆，如跑车、赛车等，一般都使用散热性较好的大直径制动盘。

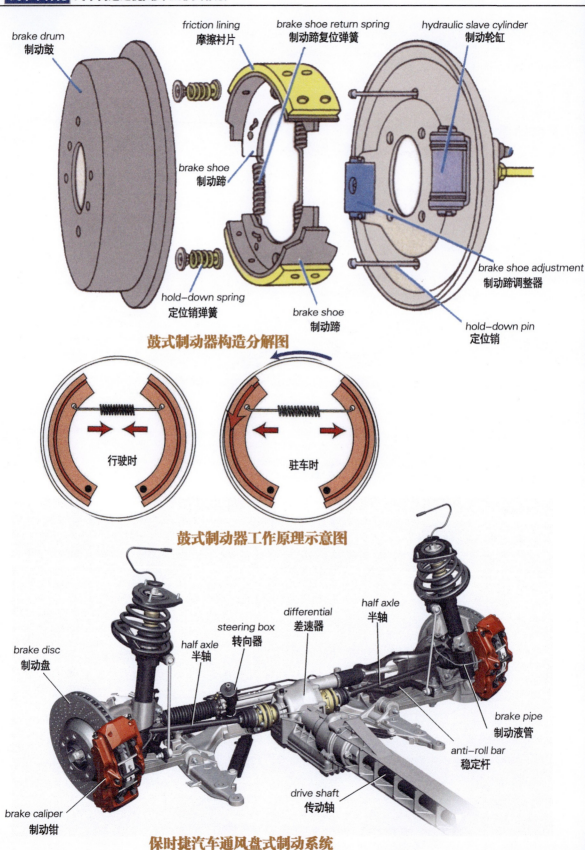

鼓式制动器构造分解图

鼓式制动器工作原理示意图

保时捷汽车通风盘式制动系统

盘式制动

制动形式主要有鼓式和盘式两大种类。它们的原理都是由固定不旋转的部分（制动蹄或制动钳）以一定的力量压迫与车轮一同旋转的部分（制动鼓或制动盘），从而强制车轮制动。

盘式制动器的主要零部件有制动盘、制动轮缸、制动钳、制动液管等。制动盘用合金钢制造并固定在车轮上，随车轮转动。制动钳上的两个摩擦片分别装在制动盘的两侧。制动轮缸的活塞受制动液管输送来的液压作用，推动摩擦片压向制动盘发生摩擦制动，动作起来就好像用钳子钳住旋转中的盘子，迫使它停下来一样。

盘式制动器散热快，重量轻，构造简单，调整方便。特别是高负载时的耐高温性能好，制动效果稳定，而且不怕泥水侵袭（离心力的作用可使雨水飞散出去）。

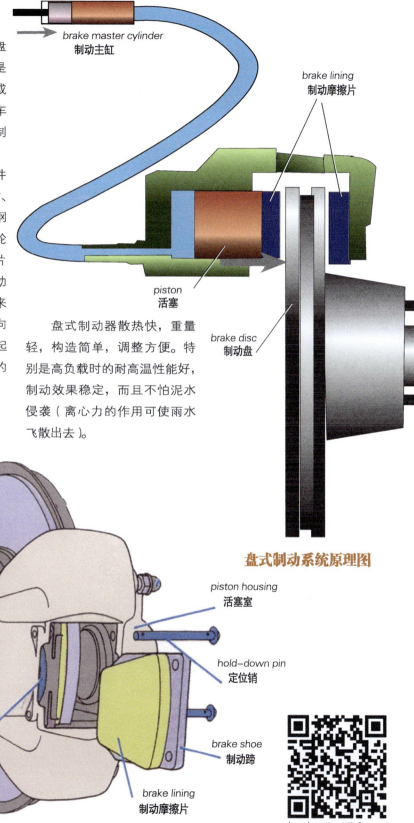

盘式制动系统原理图

盘式制动器构造分解图

扫一扫，即可观看制动盘工作原理视频

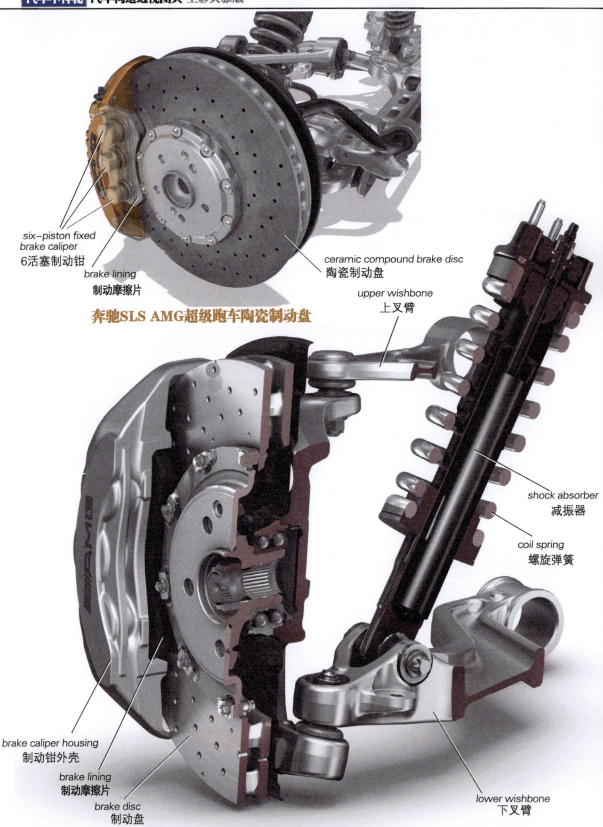

奔驰SLS AMG超级跑车陶瓷制动盘

奔驰SLS AMG超级跑车制动盘

第7章 制动与安全

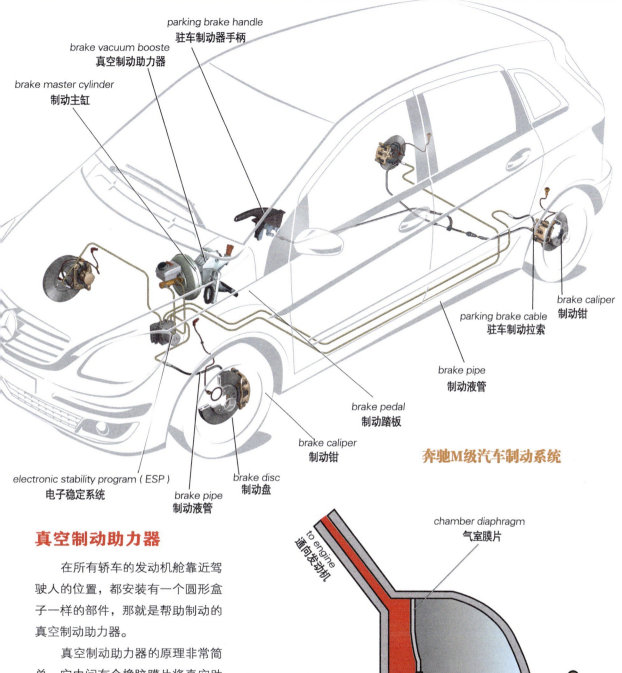

奔驰M级汽车制动系统

真空制动助力器原理图

真空制动助力器

在所有轿车的发动机舱靠近驾驶人的位置,都安装有一个圆形盒子一样的部件,那就是帮助制动的真空制动助力器。

真空制动助力器的原理非常简单,它中间有个橡胶膜片将真空助力器的内腔一分为二,其中一侧引入发动机进气歧管内的负压。当驾驶人踩制动踏板时,真空助力器内腔的另一侧就会流进大气,这样在橡胶膜片两侧就会产生压力差(一侧是真空,一侧是大气),膜片就会在压力差的作用下被推动,从而产生制动助力。

第2节 主动安全系统

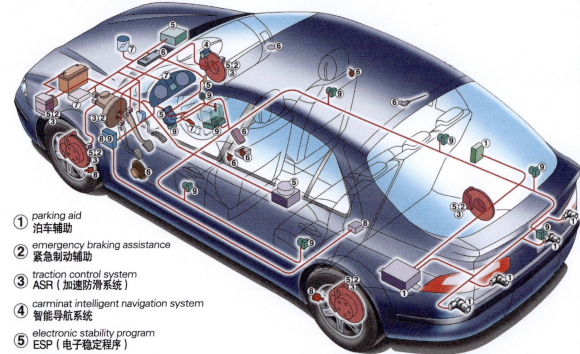

① parking aid
　泊车辅助

② emergency braking assistance
　紧急制动辅助

③ traction control system
　ASR（加速防滑系统）

④ carminat intelligent navigation system
　智能导航系统

⑤ electronic stability program
　ESP（电子稳定程序）

⑥ odysline
　odysline（雷诺智能行车系统）

⑦ cruise control–speed limiter
　巡航速度控制

⑧ tyre pressure monitoring system
　胎压监测系统

⑨ keyless car
　无钥匙进入系统

雷诺汽车主动安全系统全车布局示意图

电子制动力分配（EBD）

当汽车制动时，如果给四轮同样的制动力，则会导致四轮的制动效果或摩擦阻力不一致，从而使汽车失去平衡。EBD的作用就是合理地分配每个车轮上的制动力，让汽车制动时尽量保持制动力平衡。

EBD可依据车辆的重量和路面条件来控制制动过程，自动以前轮为基准去比较后轮轮胎的滑动率。如发觉前后车轮有差异，而且差异程度必须被调整时，它就会调整汽车制动液压系统，使前、后轮的液压接近理想化制动力的分布，从而改善制动力的平衡，防止发生侧滑现象。

EBD工作原理示意图

第7章 制动与安全

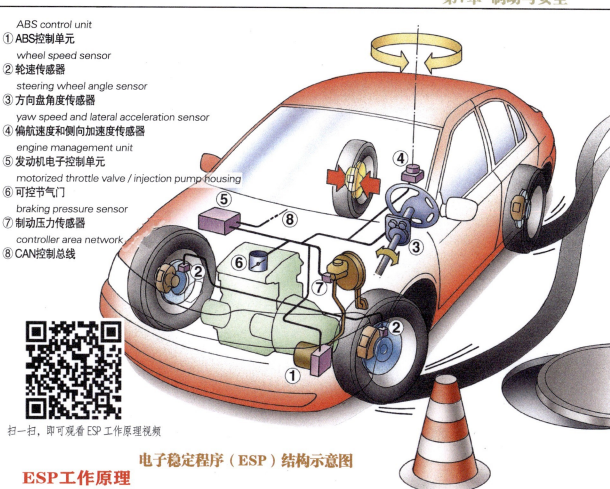

① ABS控制单元 (ABS control unit)
② 轮速传感器 (wheel speed sensor)
③ 方向盘角度传感器 (steering wheel angle sensor)
④ 偏航速度和侧向加速度传感器 (yaw speed and lateral acceleration sensor)
⑤ 发动机电子控制单元 (engine management unit)
⑥ 可控节气门 (motorized throttle valve / injection pump housing)
⑦ 制动压力传感器 (braking pressure sensor)
⑧ CAN控制总线 (controller area network)

扫一扫，即可观看ESP工作原理视频

电子稳定程序（ESP）结构示意图

ESP工作原理

ESP是更高级的车辆稳定控制系统，它是在ABS、EBD、TCS的基础上发展而来的，它不仅能实现TCS等功能，可以控制驱动轮的制动力，还可以控制从动轮的制动，分别独立控制每个车轮，从而"纠正"更危险的车辆不稳定状况。如后驱车在转弯中发生转向过度而要出现"甩尾"现象时，ESP就会制动外侧的前轮来稳定车辆；当前驱车在转弯时发生转向不足而要出现"推头"现象时，ESP便会制动内侧后轮来纠正车辆的行驶方向。尤其是急打方向盘时（如紧急躲闪路中突然出现的行人），ESP的介入能够大大降低车身失控（如侧滑、甩尾）的危险。

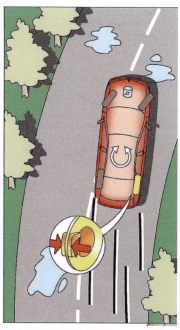

电子稳定程序（ESP）工作原理示意图

制动力辅助

制动力辅助系统（BA，Brake Assist）发现驾驶人迅速大力地踩制动踏板时，便会认为车辆遇到突发的紧急事件，会马上自动提供更大的制动力，提高制动效果。而且其施压的速度远远快于驾驶人，这能大大地缩短制动距离，提高安全性。

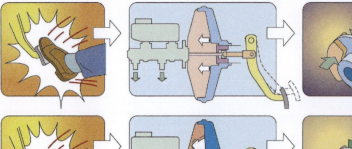

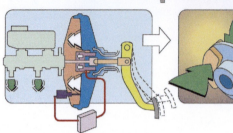

紧急制动助力系统（BA）原理示意图

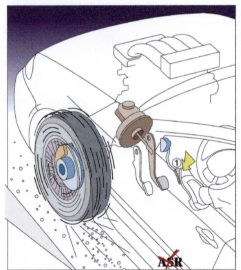
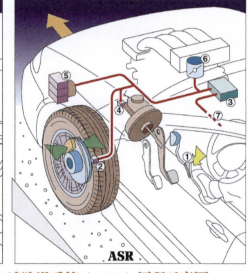

加速防滑系统（ASR）原理示意图

accelerator pedal
加速踏板
wheel speed sensor
轮速传感器
engine management control unit
发动机管理控制单元
brake pressure sensor
制动压力传感器
ABS control unit
ABS控制单元
throttle valve
节气门体
controller area network
CAN数据总线

加速防滑

在汽车起步或加速中，当电脑监测到驱动轮的滑转差大于30%时，便向发动机发出指令减小驱动力，发动机便会减少喷油量，从而减小发动机转矩输出，使驱动轮的滑转差回到10%~30%，保证车轮始终拥有较大的附着力。同时，如果需要，还会向某个驱动轮施加一定的制动力，以阻止车轮打滑。

第8章 附件与配置

第1节 灯光与仪表

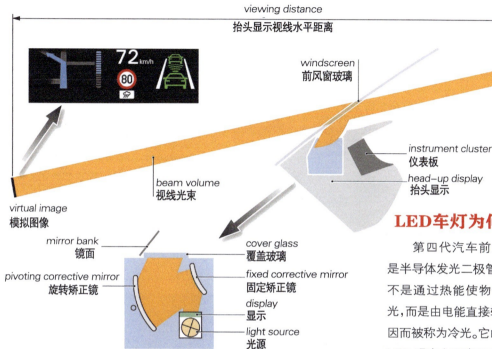

奥迪A6轿车抬头显示系统工作原理示意图

LED车灯为何寿命长？

第四代汽车前照灯的光源是半导体发光二极管（LED）。它不是通过热能使物体升温而发光，而是由电能直接转换为光能，因而被称为冷光。它的寿命较长。LED现在主要应用于汽车尾灯，极少在前照灯上应用，而且也只是作为示宽灯使用。

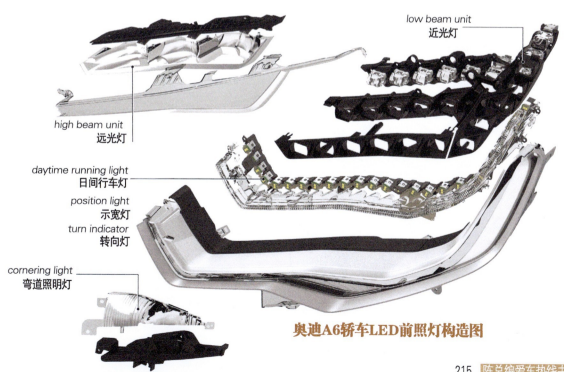

奥迪A6轿车LED前照灯构造图

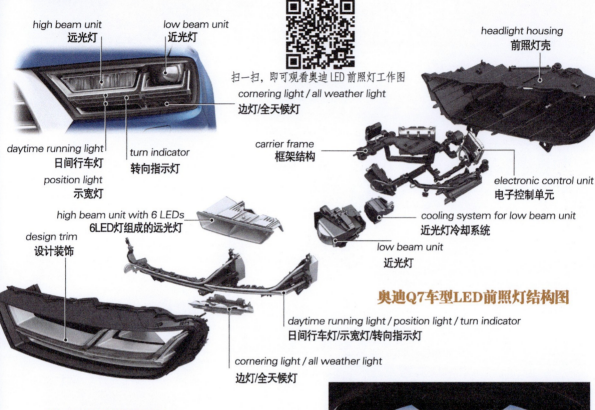

奥迪Q7车型LED前照灯结构图

奥迪虚拟驾驶舱

奥迪虚拟驾驶舱是一块12.3英寸、分辨率为1440×540像素的TFT屏幕。它可以显示高清、细节丰富的图像。例如，电子显示的转速表指针每秒会刷新60次，以确保它顺畅、精准的效果。

Audi Virtual Cockpit
奥迪虚拟驾驶舱

奥迪新Q7虚拟驾驶舱构造图

第2节 空调与音响

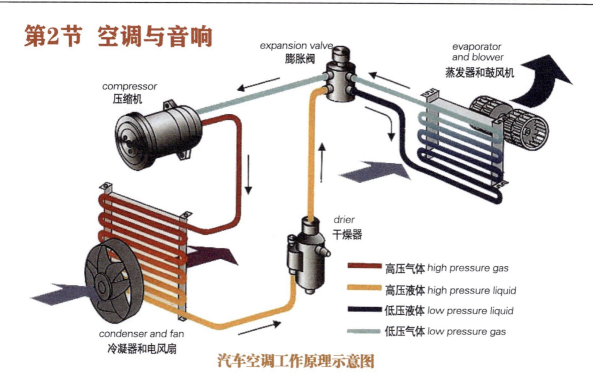

汽车空调工作原理示意图

奥迪A6轿车空调和暖风系统示意图

① housing 外罩
② rain sensor 雨量传感器
③ transmitter diode 反射二极管
④ receiver diode 接收二极管
⑤ central cabin control unit 中央控制单元
⑥ window–wiper motor 刮水器电动机

雷诺汽车自动刮水器控制系统示意图

① housing 外罩
② light sensor 光线传感器
③ frontal light sensor 前方光线传感器
④ ambient light sensor 周围光线传感器
⑤ central cabin control unit 中央控制单元
⑥ headlight 前照灯

雷诺汽车自动前照灯控制系统示意图

loudspeaker 扬声器
loudspeaker 扬声器
power amplifier 功率放大器
woofer 低音扩音器

雷诺汽车BOSE音响扬声器布局图

第8章 附件与配置

第3节 座椅

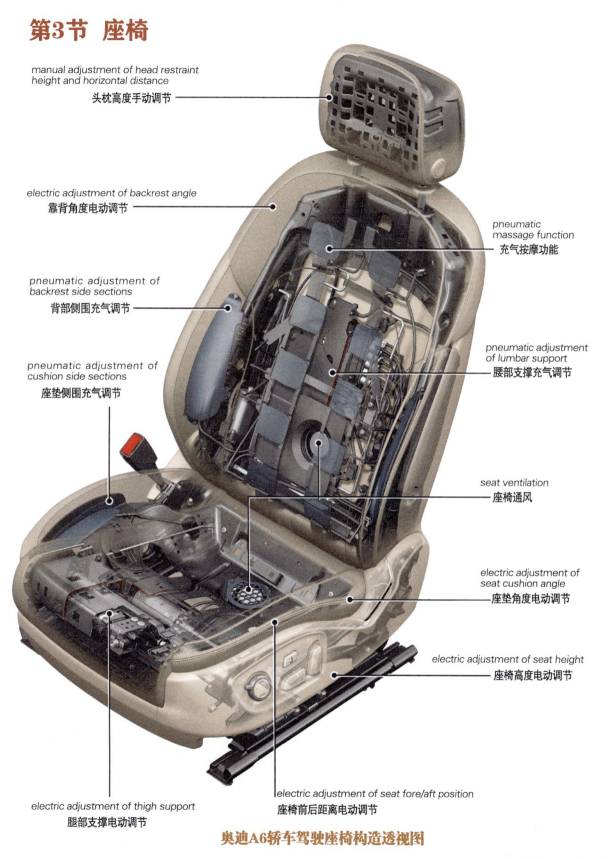

奥迪A6轿车驾驶座椅构造透视图

陈总编爱车热线书系 畅销图书

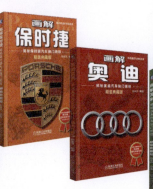

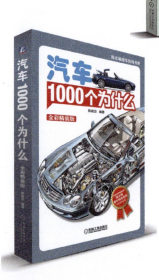

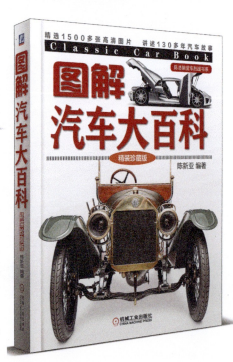